O Condomínio Edilício Aplicado
aos Empreendimentos Hoteleiros

CONDOHOTEL

Dados Internacionais de Catalogação na Publicação (CIP)
(Câmara Brasileira do Livro, SP, Brasil)

Masagão, Roberto Penteado
   O condomínio edilício aplicado aos empreendimentos hoteleiros : "condohotel" / Roberto Penteado Masagão. — São Paulo : Ícone, 2004.

   Bibliografia.
   ISBN 85-274-0812-0

   1. Condomínios (Imóveis) 2. Condomínios (Imóveis) - Leis e legislação - Brasil 3. Direito civil - Leis e legislação - Brasil 4. Hotelaria - Leis e legislação - Brasil I. Título.

04-7854   CDU-347.238:64.024.1(81)

Índices para catálogo sistemático:

1. Brasil : Condomínio edilício aplicado aos empreendimentos hoteleiros : Direito civil
    347.238:64.024.1(81)
2. Brasil : Condohotel : Direito civil
    347.238:64.024.1(81)

Roberto Penteado Masagão
Advogado

O Condomínio Edilício Aplicado
aos Empreendimentos Hoteleiros

CONDOHOTEL

Ícone
editora

© Copyright 2005.
Ícone Editora Ltda.

Capa e Diagramação
Andréa Magalhães da Silva

Revisão
Rosa Maria Cury Cardoso

Proibida a reprodução total ou parcial desta obra,
de qualquer forma ou meio eletrônico, mecânico,
inclusive através de processos xerográficos,
sem permissão expressa do editor
(Lei nº 9.610/98).

Todos os direitos reservados pela
ÍCONE EDITORA LTDA.
Rua Lopes de Oliveira, 138 – 01152-010
Barra Funda – São Paulo – SP
Tel./Fax.: (11) 3666-3095
www.iconelivraria.com.br
e-mail: iconevendas@yahoo.com.br
editora@editoraicone.com.br

À Maria Cristina, minha mulher, ao lado de quem sigo em frente.

À Nani e ao Fê, meus filhos, e aos queridos Álvaro e Mariela.

Sumário

INTRODUÇÃO, 11

PARTE TEÓRICA

I. O CONDOMÍNIO EDILÍCIO APLICADO AOS EMPRE-ENDIMENTOS HOTELEIROS, 19

I.1. A caracterização legal do condomínio edilício, 19

I.1.a) As partes de propriedade exclusiva (unidades autônomas) e os fins residenciais ou não destas, 20

I.1.b) As partes de propriedade comum, 21

I.2. O enquadramento dos empreendimentos hoteleiros como condomínio edilício, 22

II. A CONVENÇÃO DO CONDOMÍNIO EDILÍCIO APLICA-DA AOS EMPREENDIMENTOS HOTELEIROS, 25

II.1. A Convenção de Condomínio como acordo de vontades para a instituição do condomínio edilício, 25

II.2. As normas específicas, abrangentes de *três questões jurídicas básicas*, que devem constar de uma Convenção de Condomínio aplicada aos empreendimentos hoteleiros, 26

II.2.a) A primeira questão: o fim a que se destinam as unidades autônomas de um empreendimento hoteleiro, 27

II.2.a).1. O respeito à finalidade hoteleira do projeto aprovado, 27

II.2.a).2. A exploração hoteleira como fato absolutamente necessário à realização da finalidade do projeto aprovado do empreendimento hoteleiro e como razão de ser do investimento por parte dos adquirentes de suas unidades autônomas, 27

II.2.a).3. O regime legal do condomínio edilício como suporte para a realização da exploração hoteleira e para se atingir o fim a que se destinam as unidades autônomas do empreendimento hoteleiro, 28

II.2.a).4. As partes e coisas de propriedade comum servindo necessariamente ao fim hoteleiro do empreendimento, 29

II.2.a).5. A síntese das regras ligadas à destinação do edifício e à sua necessária exploração hoteleira e que devem sempre constar da Convenção de Condomínio, 30

II.2.b) A segunda questão: a administração do condomínio especializada em hotelaria, 31

II.2.b).1. A transferência à uma pessoa jurídica especializada em hotelaria das funções administrativas do condomínio atribuídas legalmente ao síndico eleito. A manutenção das funções de representação do condomínio pelo síndico eleito e da sua responsabilidade pela convocação das assembléias condominiais, 31

II.2.b).2. A remuneração da administradora especializada em hotelaria e a eleição de um Conselho Fiscal previsto na lei, 33

II.2.c) A terceira questão: a forma legal de se realizar o fim a que as unidades autônomas se destinam, 33

II.2.c).1. A natureza jurídica especial do condomínio edilício (ausência de personalidade jurídica própria) e a sua aptidão para a prática de determinados atos jurídicos, 33

II.2.c).2. Locação conjunta das unidades autônomas hoteleiras e dos respectivos bens e áreas comuns, como forma apropriada à realização do fim a que se destinam as unidades autônomas do empreendimento hoteleiro. As partes integrantes dessa relação jurídica. O objeto da mesma, 34

II.2.c).2.1. A concepção unitária de um empreendimento hoteleiro: duas relações jurídicas coligadas (a de administração do condomínio e a da relação conjunta de locação), 35

II.2.c).2.2. A integração necessária do condômino à relação conjunta de locação. Alteração em assembléia condominial das regras disciplinadoras da relação conjunta de locação: aspectos modificáveis com decisão qualificada de 2/3 dos condôminos e alterações só possíveis mediante decisão unânime dos condôminos. O respeito às regras do Código Civil sobre a faculdade de o condômino dispor de sua unidade autônoma (alienar, gravar, fruir dos rendimentos locatícios e usar a unidade), 38

II.2.c).2.3. Unidade e coerência da relação conjunta de locação e a representação dos condôminos locadores pelo síndico eleito. Decisões sobre a relação conjunta de locação pelas assembléias de condôminos: *quorum* para aprovação, 39

II.2.c).2.4. As demais cláusulas específicas que devem reger a relação conjunta de locação: (a) a base legal das relações entre os condôminos locadores e a empresa hoteleira locatária do sistema (art. 51 da Lei 8.245/18.10.91); (b) a base legal para a efetivação da exploração hoteleira, pela empresa locatária, nas suas relações jurídicas de sublocação com os hóspedes (art. 1º., parágrafo único, letra *a*, inciso IV da Lei 8.245/18.10.91); (c) o estabelecimento de aluguel fixo e de aluguel variável na relação conjunta de locação e a forma de sua apuração, 42

II.2.c).2.5. Síntese das razões que militam em favor da escolha da relação conjunta de locação para a realização do fim a que se destinam as unidades autônomas do empreendimento hoteleiro, 46

III. A CAPITALIZAÇÃO DOS EMPREENDIMENTOS HOTELEIROS COM BASE EM SUA CONSTITUIÇÃO SOB O REGIME LEGAL DO CONDOMÍNIO EDILÍCIO, 49

PARTE PRÁTICA

Minuta, 55
Minuta, 89

Introdução

O presente trabalho é uma pequena contribuição aos profissionais e empresários que atuam na área dos empreendimentos hoteleiros, bem como aos investidores desse setor, uma vez que objetiva conferir uma certa sistematização jurídica aos empreendimentos conhecidos como "CONDOHOTEL", ou seja, hotéis concebidos e organizados sob o regime legal do condomínio edilício, atualmente previsto nos arts. 1.331 a 1.358 do Código Civil Brasileiro.

No desenvolvimento de minha atuação profissional como advogado especializado no campo do Direito Imobiliário, pude acompanhar, junto aos meus clientes, assessorando-os ao longo das últimas décadas, o fenômeno crescente das incorporações imobiliárias de edifícios que abrigavam apartamentos destinados à locação, acompanhada esta de serviços de camareira e de outros típicos de um hotel, vindo a configurar a modalidade de empreendimento conhecido como "flat service" ou "apart-hotel".

Tratava-se, pois, de um tipo de incorporação imobiliária sob o regime jurídico do condomínio edilício, disciplinada pela Lei 4.591/64, em que os adquirentes dos apartamentos investiam na compra dos mesmos almejando participar de um sistema conjunto de locação, conhecido como "pool", e mediante o qual, sob a administração de uma empresa especializada em hotelaria, buscavam obter uma renda imobiliária mensal na forma de aluguel e que era distribuído entre os integrantes daquele "pool".

Em verdade, esses edifícios, assim incorporados e comercializados com aqueles objetivos, sofreram uma certa evolução ao longo dos anos, pois, no início, apenas uma pequena quantidade de apartamentos participavam do referido sistema conjunto de locação, convivendo com os condôminos que residiam nos edifícios e que adquiriram seus apartamentos na forma e com os objetivos de um condomínio residencial tradicional. Eram edifícios cujos projetos haviam sido aprovados para fins residenciais, mas com uma Convenção de Condomínio que previa uma estrutura de serviços com características hoteleiras, permitindo-se, assim, a formação daquele sistema conjunto de locação. Semelhante edifício era conhecido como um "residencial com serviços".

Posteriormente, com o aumento da demanda para esse tipo de investimento, os edifícios passaram a ser concebidos como verdadeiros hotéis, em que todos os apartamentos vieram a integrar necessariamente o sistema conjunto de locação ("pool" total), tendo havido uma redução no tamanho dos apartamentos, aproximando-os de um quarto ou suíte de hotel, bem como uma nova concepção no seu projeto, pois nele foram contemplados áreas e espaços para serviços tipicamente hoteleiros, embora o projeto ainda fosse de um edifício para fins residenciais e com serviços.

Na seqüência dessa evolução, os projetos dos edifícios passaram a ser concebidos e aprovados como hotéis, continuando a ser incorporados e comercializados como condomínios edilícios, nos termos da Lei 4.591/64 e, atualmente, também sob a disciplina do Código Civil Brasileiro, perfazendo o que hoje se denomina de "CONDOHOTEL", alvo do presente trabalho.

Ressalte-se que, na seqüência da evolução desse tipo de empreendimento e investimento, o que sempre motivou a aquisição dos apartamentos foi a possibilidade de se auferir uma renda imobiliária locatícia, decorrente da exploração hoteleira dos apartamentos integrantes do respectivo sistema conjunto de locação ("pool"), mas sem se estar sob a égide e as restrições da chamada legislação do inquilinato. Além disso, também o que sempre se visou era que uma empresa especializada em hotelaria gerisse aquele sistema conjunto de locação, muitos constituídos como uma sociedade em conta de participação, em que a cadeia hoteleira era a sócia ostensiva e os condôminos os sócios ocultos, embora os apartamentos fossem entregues àquela sociedade (SCP), na forma de locação, para a realização do objeto da mesma e que é a exploração hoteleira dos apartamentos, distribuindo-se os resultados na forma de aluguel aos sócios ocultos.

A concepção por mim adotada no presente trabalho, na tentativa de revestir de uma certa sistematização jurídica o chamado "CONDOHOTEL", preserva aqueles princípios acima referidos e que nortearam os investimentos no setor, de tal sorte que o adquirente de um apartamento hoteleiro, no sistema por mim acolhido e aqui desenvolvido, celebra, juntamente com os adquirentes das demais unidades do hotel, com a empresa hoteleira escolhida, uma típica relação conjunta de locação, mediante a qual aquela empresa, como locatária, irá desenvolver a exploração hoteleira, em seu nome e sob sua responsabilidade, dos apartamentos integrantes da citada relação conjunta locatícia, pagando aos locadores, proprietários dos apartamentos locados, um aluguel fixo e um aluguel variável, propiciando, pois, a estes, a obtenção de uma renda locatícia, fora das restrições da legislação do inquilinato, tal como estariam sujeitos se fossem alugar o seu apartamento diretamente a um determinado inquilino. Nessa concepção, a empresa hoteleira, além de ser a locatária dos apartamentos e dos respectivos bens e áreas comuns, é também a empresa contratada para realizar a administração condominial do edifício, sob remuneração, configurando, deste modo, a constituição de duas relações jurídicas coligadas, por mim comentadas neste trabalho, ou seja, uma relação de administração condominial e uma relação conjunta de locação. Destaque-se, ademais, na minha concepção, a criação de um Fundo de Reserva Condominial Operacional e que servirá como uma fonte de financiamento para a empresa hoteleira, na hipótese de necessitar de recursos para suprir o pagamento das despesas condominiais ordinárias do edifício. Acrescente-se, também, no aludido modelo, que a empresa hoteleira gozará de um período inicial de carência (sugeri aleatoriamente 12 meses) para iniciar o pagamento do aluguel fixo e variável, permitindo-se, desta forma, o escoamento de um período para a maturação do empreendimento.

Assim sendo, entendo que, na sistemática por mim aqui desenvolvida, não há que se falar em uma sociedade em conta de participação entre a empresa hoteleira e os condôminos, uma vez que entre estes se estabelece uma verdadeira relação de locação, ficando afastada, no meu entender, qualquer tributação antecedente, a título de IR e de Contribuição Social sobre o Lucro Líquido (CSLL), sobre o valor disponível para ser pago a título de aluguel (fixo mais variável), não se aplicando, a meu ver, a interpretação a esse respeito contida no Ato Declaratório Interpretativo (ADI) do Secretário da Receita Federal de nº 14 e de 4 de maio de 2004.

Com efeito, a empresa hoteleira, como locatária dos apartamentos e dos respectivos bens e áreas comuns, realiza, em seu nome, a exploração hoteleira desses bens, recolhendo os tributos diretos sobre a receita decorrente (PIS, COFINS, ISS, ICMS), arca com o pagamento das respectivas despesas condominiais ordinárias e efetiva, como locatária, aos locadores conjuntos, o pagamento do respectivo aluguel fixo e variável, na forma e condições ajustadas, não havendo, em meu entender, salvo melhor juízo, uma relação de sociedade em conta de participação, mas uma verdadeira relação locatícia, coligada, como se disse, à uma relação jurídica de administração condominial do edifício. Fica, deste modo, afastada, a meu ver, a caracterização de uma sociedade em conta de participação e todos os seus inconvenientes tributários, contábeis e operacionais, mantendo-se os princípios antes referidos consubstanciados no desejo do condômino investidor de auferir uma receita de locação de seu apartamento locado em uma relação conjunta celebrada com a empresa hoteleira, fora das restrições da legislação do inquilinato e que existiriam caso o apartamento fosse locado diretamente a um determinado inquilino pelo próprio condômino.

É evidente que, na concepção acima referida, as empresas hoteleiras deverão ser criteriosas na escolha do "CONDO-HOTEL" a que irão contratualmente se vincular, selecionando-os pelos critérios mercadológicos de boa localização, clientela potencial e correta concepção do produto hoteleiro, segundo as

14

melhores técnicas a respeito, a fim de que o empreendimento, apesar das eventuais situações conjunturais negativas da economia, seja um produto rentável para ela, empresa hoteleira, e para os investidores, afastando-se, assim, a possibilidade da abertura desse tipo de empreendimento sem as melhores perspectivas de rentabilidade, tal como ocorreu na cidade de S. Paulo, onde vários empreendimentos de "flat service" ou "apart hotel" proliferaram desmesuradamente e lograram resultados totalmente deficientes.

Esperando contribuir para o debate jurídico a respeito dessa modalidade de incorporação imobiliária e de investimento, na forma do "CONDOHOTEL", gostaria, no encerramento dessa introdução, de registrar meu agradecimento ao cunhado e grande amigo, Ricardo Mariz de Oliveira, um dos melhores advogados brasileiros na área tributária, pelo incentivo que me deu para a elaboração deste pequeno trabalho.

Roberto Penteado Masagão

PARTE TEÓRICA

I. O Condomínio Edilício Aplicado aos Empreendimentos Hoteleiros

I.1. A CARACTERIZAÇÃO LEGAL DO CONDOMÍNIO EDILÍCIO

O Código Civil Brasileiro em vigor, nos arts. 1.331 à 1.358, estabelece as disposições gerais sobre o condomínio edilício, dando-nos a sua caracterização legal, a forma de sua instituição, as regras a respeito dos direitos e deveres dos condôminos, bem como sobre a administração e extinção do condomínio.

Ressalte-se, ainda, que o condomínio edilício era antes só disciplinado pela Lei nº 4.591, de 16.12.1964, nos seus arts. 1º à 27, revogados "tacitamente" pelas normas supracitadas do novo Código Civil, permanecendo regidas por aquela lei especial as incorporações imobiliárias desse tipo de condomínio, a partir do seu art. 28[1].

---

[1] Aceita-se, de maneira geral, a revogação tácita acima referida. Não obstante, esta forma de revogação contraria expressa disposição da Lei Complementar nº 95, de 26.12.1998, alterada pela Lei Complementar nº 107, de 26.04.2001, que regem, atualmente, a revogação e alteração das leis. Com efeito, o art. 9º. da Lei Complementar nº 95 diz textualmente: "A cláusula de revogação deverá enumerar, expressamente, as leis ou disposições revogadas". O Código Civil atual, em seu art. 2.045, não faz menção

Com relação ao tema que aqui interessa, cabe destacar, dentre aquelas normas do Código Civil, as que fornecem a caracterização legal básica desse tipo de condomínio, também chamado de condomínio em plano horizontal ou condomínio especial, distinguindo-o do condomínio voluntário, ou tradicional, disciplinado pelos arts. 1.314 e seguintes do mesmo código.

Com base na leitura do art. 1.331 e parágrafos do Código Civil, infere-se que o condomínio edilício é aquele que abrange as edificações compostas de partes de propriedade exclusiva e partes de propriedade comum.

I.1.a) As partes de propriedade exclusiva (unidades autônomas) e os fins residenciais ou não destas

Ao se referir a edificações, o retro citado artigo de lei alcança, necessariamente, todo edifício consistente de uma construção empreendida pelo homem, incorporada ao solo e apta, pelas suas partes componentes, à sua utilização para fins residenciais ou não, como se deduz do teor do § 1º daquela regra legal (art. 1.331 do Código Civil), quando dá os exemplos, claramente de forma não exaustiva, do que podem ser as partes suscetíveis de utilização independente ou de propriedade exclusiva naquelas edificações, tais como *apartamentos, escritórios, salas, lojas, sobrelojas ou abrigo para veículos.*

Nesse mesmo sentido, o anterior art. 1º da Lei 4.591/64 também já fazia a mesma referência a edificações, dizendo,

---

expressa à revogação dos arts. 1º à 27 da primeira parte da Lei 4.591/64, que trata do condomínio edilício. Assim, diz-se que houve essa revogação "tácita", com base no disposto no art. 2º., § 1º., da Lei de Introdução do Código Civil, que dispõe que a lei posterior revoga a anterior, sem o dizer expressamente, quando regule inteiramente a matéria de que tratava a lei anterior. É o que se teria dado no tocante ao condomínio edilício, tratado nos novos arts. 1.331 à 1.358 do atual Código Civil. Entretanto, a revogação expressa, exigida pela Lei Complementar citada, não houve, sendo esta lei de hierarquia superior à Lei de Introdução ao Código Civil, pois é uma Lei Complementar, acima daquela, uma lei ordinária. Entendo, pois, que, não havendo a necessária revogação expressa, exigida por lei superior, caberá ao intérprete avaliar as hipóteses de adequação entre o anterior e o atual texto a respeito do condomínio edilício, até porque deve se ter em conta o disposto na mesma Lei de Introdução ao Código Civil, no referido art. 2º., mas em seu § 2º., que dispõe que "a lei nova que estabeleça disposições gerais ou especiais, a par das existentes, não revoga e nem modifica a lei anterior.

inclusive, de maneira expressa, tratarem-se de edificações *destinadas a fins residenciais ou não residenciais.*

Vê-se, pois, da leitura do referido art. 1.331 e parágrafos do Código Civil, que as chamadas partes suscetíveis de utilização independente são ali caracterizadas como aquelas que devem ser discriminadas e individualizadas, estremadas umas das outras e das partes comuns, para serem de propriedade e uso exclusivo, podendo ser alienadas e gravadas livremente por seus proprietários. Além disso, essas partes exclusivas devem ter acesso comum necessário ao logradouro público, ou via pública, em que se localiza o edifício, pois o § 4º do citado art. 1.331 estabelece que nenhuma parte de propriedade exclusiva, ali chamada de unidade imobiliária, também denominada unidade autônoma, pode ser privada do acesso ao logradouro público.

Destaque-se que não haverá um condomínio edilício se este for constituído por apenas uma unidade autônoma (um apartamento ou uma loja, etc.), porque esse regime condominial só se aplicará em edifícios com mais de uma unidade autônoma, ou seja, com **partes** suscetíveis de utilização independente, como diz a lei. Se o edifício se constituir de uma única unidade, ali poderá haver um condomínio tradicional entre proprietários da mesma (arts. 1.314 e segs. do Código Civil), mas não um condomínio edilício. Entretanto, este poderá prevalecer quando houver o mínimo de duas unidades autônomas, ainda que, eventualmente, remanesçam na propriedade de uma única pessoa, porque é a anterior instituição do condomínio que permanece, com a individualização das unidades e sua delimitação entre si e em relação às partes comuns do prédio, bem como com a atribuição de fração ideal à essas unidades, indicadora de sua participação (co-propriedade) nas partes comuns e, ainda, com o fim dado às unidades, seja residencial ou não.

I.1.b) As partes de propriedade comum

Vista, assim, a chamada unidade imobiliária ou autônoma, no âmbito do condomínio edilício, cabe visualizar o que sejam as partes comuns do edifício de que aquela unidade deve ser estremada, como antes mencionado. São partes de propriedade comum no edifício aquelas de utilização coletiva por todos os proprietários das unidades autônomas, não podendo ser divididas ou alienadas separadamente da respectiva unidade. Por tais razões, o inciso II do art. 1.332 do Código Civil diz que as unidades devem ter uma fração ideal sobre aquelas suas partes comuns, em que se inclui o terreno onde se assenta o edifício, a qual (fração) expressará, conforme já referido, a forma de co-propriedade, ou propriedade em comum, dos proprietários das unidades autônomas, naquelas partes de uso coletivo do edifício.

O § 2º do referido art. 1.331 do Código Civil exemplifica, também de forma não exaustiva, quais seriam as partes comuns de um edifício, tais como *o solo, a estrutura do prédio, o telhado* e assim por diante. Pode-se acrescentar, também exemplificativamente, a portaria do prédio e as áreas de acesso à via pública (ou ao logradouro público, como diz a lei), o "hall" de entrada do edifício, as escadas, os elevadores, os corredores de circulação e de acesso às unidades autônomas, as áreas para estacionamento coletivo, as áreas ajardinadas e para lazer (piscina, "playground", etc.), as áreas para bar e refeições, os salões para festas e eventos, as redes de água, esgoto, energia e dos demais equipamentos comuns, as caixas e bombas d`água e, enfim, todas as partes de uso coletivo e que não sejam de propriedade exclusiva, conforme definidas pelo Código Civil.

I.2. O ENQUADRAMENTO DOS EMPREENDIMENTOS HOTELEIROS COMO CONDOMÍNIO EDILÍCIO

Em um empreendimento hoteleiro, submetido ao regime do condomínio edilício, as partes de propriedade exclusiva (unidades autônomas) e as de propriedade comum, antes mencionadas de forma geral para qualquer edifício sob tal regime legal, são perfeitamente identificáveis. Com efeito, os apartamentos ou suítes do hotel, sob o regime do condomínio edilício, serão as unidades autônomas, destinadas ao fim hoteleiro, estremadas umas das outras e das áreas de propriedade comum. Estas serão as áreas externas para estacionamento, acesso ao edifício, jardins, piscina, áreas de recreação, portaria, "lobby", recepção, escritórios, áreas

22

para bar, "coffe shopp", corredores de acesso aos apartamentos, elevadores, escadarias, rouparias, vestiários, banheiros em geral para hóspedes e, enfim, todas as demais partes de propriedade comum, genericamente referidas na lei, e mais aquelas especificamente integrantes de um hotel, com a mesma natureza, mas cujo objetivo básico é o de servirem ao fim hoteleiro do edifício do hotel, como adiante se comentará neste trabalho.

Têm-se, portanto, que um edifício composto por partes de propriedade exclusiva ou suscetíveis de utilização independente, como os apartamentos ou suítes de uma construção destinada a ser um hotel, bem como por partes de propriedade e utilização comum, como as acima exemplificadas, igualmente existentes nessa mesma construção, pode ser juridicamente constituído como um condomínio edilício, ou especial, de que tratam o Código Civil Brasileiro e a Lei 4.591/64, esta quando disciplina, também, as incorporações desse tipo de condomínio.

Trata-se, pois, de um condomínio edilício com destinação hoteleira e, pois, dentro de uma das demais finalidades, entre residenciais ou não, que podem ter as unidades autônomas dos condomínios especiais, como se deduz da legislação de regência.

Cabe, para arremate desse item, reproduzir o teor dos incisos I à III do art. 1.332 do Código Civil, cujo *caput* diz que, na instituição do condomínio edilício, por ato entre vivos ou testamento, a ser registrado no Cartório do Registro de Imóveis, devem constar:

I) a discriminação e individualização das unidades de propriedade exclusiva, estremadas umas das outras e das partes comuns;
II) a determinação da fração ideal atribuída a cada unidade, relativamente ao terreno e partes comuns;
III) o fim a que as unidades se destinam.

Exatamente por força desse último inciso, relativo ao fim a que as unidades autônomas do edifício se destinam e, especialmente, no caso de uma edificação destinada a abrigar unidades autônomas hoteleiras, isto é, no caso de um edifício de hotel, é que se torna muito importante que seja analisada, em seqüência, a Convenção Condominial, prevista nos arts. 1.333 e 1.334 do Código Civil, pois se trata do instrumento fundamental de acordo de vontades que irá reger, com base na lei, a instituição e o funcionamento do referido condomínio.

II. A Convenção do Condomínio Edilício Aplicada aos Empreendimentos Hoteleiros

II.1. A CONVENÇÃO DE CONDOMÍNIO COMO ACORDO DE VONTADES PARA A INSTITUIÇÃO DO CONDO-MÍNIO EDILÍCIO

É a Convenção de Condomínio, a teor dos arts. 1.333 e 1.334 do Código Civil, o instrumento, público ou particular, mediante o qual se constitui o condomínio edilício, selando o acordo de vontades dos que decidiram instituí-lo. Nela, deverão estar contempladas, de início, as disposições contidas no art. 1.332 e incisos do Código Civil, já antes reproduzidas, e que, como se viu, determinam que se caracterizem as unidades autônomas e as áreas comuns, a atribuição de fração ideal àquelas unidades nestas áreas e o fim a que se destinam as unidades.

Além disso, na Convenção de Condomínio deverão estar contempladas as regras que definem a quota proporcional e o modo de pagamento das contribuições condominiais, a forma de administração do condomínio, a competência das assembléias de condôminos, a forma de sua convocação e *quorum* para as delibe-rações que ali ocorrerem, as sanções a que estão sujeitos os condôminos, o regimento interno do edifício e todas as demais cláusulas que os instituidores do condomínio houverem por bem estipular, para melhor clarificar os direitos e deveres dos condôminos e desde que não discrepem da legislação aplicável ou não sejam expressamente vedadas por esta, mas que permitam livremente que se realize o fim a que se destinam as unidades autônomas integrantes do prédio, assim constituído pelo regime legal do condomínio especial.

II.2. AS NORMAS ESPECÍFICAS, ABRANGENTES DE *TRÊS QUESTÕES JURÍDICAS BÁSICAS*, QUE DEVEM CONSTAR DE UMA CONVENÇÃO DE CONDOMÍNIO APLICADA AOS EMPREENDIMENTOS HOTELEIROS

Tendo-se em vista o foco de abordagem aqui desejado, isto é, a aplicação da Convenção de Condomínio a um edifício de hotel, como o seu documento instituidor e definidor de sua destinação como um condomínio edilício, mister se faz que sejam destacadas, dentre as disposições daquela Convenção, apenas aquelas apropriadas a esse tipo de empreendimento, uma vez que, sem as mesmas, um edifício de hotel não pode funcionar no regime do citado condomínio especial.

Deixe-se de lado, portanto, a abordagem geral das normas convencionais que se aplicam a todo tipo de condomínio edilício previsto na legislação de regência, destacando-se o que de necessariamente específico a Convenção de Condomínio de um edifício de hotel deve conter, para ser um condomínio especial, embora sempre baseado nas regras legais que determinam a feitura daquela Convenção, sem discrepar, portanto, da lei, ou formular normas por esta vedadas, como antes se mencionou.

Nessa linha de raciocínio, as normas convencionais específicas de um condomínio edilício destinado a ser um hotel devem disciplinar as seguintes questões jurídicas fundamentais que permearão necessariamente as relações entre os condôminos titulares das unidades autônomas, entre estes e a administradora e operadora do condomínio e destes todos com terceiros em geral:

a) o fim a que as unidades autônomas se destinam;

b) a administração do condomínio especializada em hotelaria; e,

c) a forma legal de se realizar o fim a que as unidades autônomas se destinam.

Importa analisar, uma a uma, aquelas três questões jurídicas fundamentais e como, a meu ver, devem ser abordadas e disciplinadas na Convenção Condominial, sempre lembrando que as mesmas se entrelaçam.

II.2.a) A primeira questão: o fim a que se destinam as unidades autônomas de um empreendimento hoteleiro

II.2.a).1. O respeito à finalidade hoteleira do projeto aprovado

Todo edifício, para ser construído, deve ter o seu projeto aprovado pelos órgãos públicos competentes, segundo a legislação do município em que se situa, bem como segundo a legislação estadual e federal que for aplicável. O mesmo se deve dar, portanto, com relação a um edifício projetado para ser construído como um hotel, não cabendo aqui discorrer sobre tal legislação, mas apenas destacar essa obviedade, pelo que se segue.

Ao ser aprovado o projeto de um edifício destinado a ser um hotel, é igualmente curial que, quando pronto, só poderá funcionar como tal, não se podendo dar outra utilização ao mesmo, sob pena de se estar infringindo a legislação que presidiu a aprovação do respectivo projeto.

Nasceu para ser um hotel e, assim, deve permanecer o edifício, até que se modifique ou se substitua o projeto, com novo fim, pela decisão unânime de todos os seus proprietários, mas sempre de acordo com a legislação cabível.

II.2.a).2. A exploração hoteleira como fato absolutamente necessário à realização da finalidade do projeto aprovado do empreendimento hoteleiro e como razão de ser do investimento por parte dos adquirentes de suas unidades autônomas

Um edifício, cujo projeto foi aprovado para ser um hotel e, quando pronto, autorizado pelos órgãos públicos competentes a funcionar como tal, somente atingirá o fim a que se destina se for alvo de uma exploração hoteleira, pois, se assim não for, haverá uma contradição em termos. Ora, o proprietário, ou proprietários desse hotel, se não tiverem decidido submetê-lo ao regime do condomínio edilício, de que trata o presente trabalho, poderão, exemplificativamente, explorar a atividade hoteleira mediante a constituição de uma pessoa jurídica, com objeto social apto a realizar aquela atividade, conferindo o hotel como patrimônio da mesma, para a consecução daquele desiderato, ou arrendar o hotel para uma outra pessoa jurídica igualmente habilitada e com objeto social apto a possibilitar a realização daquele objetivo.

Entretanto, como alternativa, poderá haver a decisão de se submeter o edifício do hotel ao regime legal do condomínio especial ou edilício, como uma das formas de se atingir o fim a que o mesmo se destina.

II.2.a).3. O regime legal do condomínio edilício como suporte para a realização da exploração hoteleira e para se atingir o fim a que se destinam as unidades autônomas do empreendimento hoteleiro

Admitida a hipótese da adoção do regime legal do condomínio edilício para o empreendimento hoteleiro, não cabe aqui voltar à questão da possibilidade legal de que tal ocorra, pois já manifestei o meu entendimento positivo a esse respeito. O que cabe frisar é que, nessa hipótese, o projeto do edifício, além de ter que ser aprovado como um hotel, deverá pressupor que o edifício será submetido ao regime do condomínio especial, em que os seus apartamentos e/ou suítes serão unidades autônomas, pois a Prefeitura Municipal poderá ter legislação específica delimitando a participação ideal dessas unidades no solo, ou seja, a metragem quadrada de participação no terreno possível de se atribuir àquelas unidades, fato que, pelo nível da exigência, poderá restringir o número de unidades autônomas, acarretando, até, a inviabilidade econômica do projeto. De qualquer modo, as unidades autônomas serão consideradas pela Prefeitura como tais, isto é, deverão ter inscrição cadastral individualizada, para efeito de lançamento dos respectivos tributos, após a expedição do habite-se para o edifício.

Eleito o regime do condomínio especial para reger o funcionamento do edifício do hotel, o fim hoteleiro a que se destinam as suas unidades autônomas (apartamentos e/ou suítes) deve ficar expressamente consignado na respectiva Convenção Condominial.

Como decorrência, deve ficar ali expressamente estabelecido que os condôminos titulares das mesmas, atuais ou futuros, somente as adquirem para realizar aquele fim, isto é, para auferirem um resultado decorrente de sua exploração hoteleira, pois, se assim não fosse, não teriam se tornado titulares de tais unidades, ainda que o resultado dessa exploração venha a ser eventual e episodicamente negativo.

II.2.a).4. As partes e coisas de propriedade comum servindo necessariamente ao fim hoteleiro do empreendimento

Importa também dizer que na Convenção de Condomínio é preciso determinar que as partes de propriedade e uso comum integrantes desse edifício de hotel, já antes exemplificadas, dentro de suas destinações específicas (áreas de acesso ao logradouro público, portaria, corredores, salões para eventos, etc.), estarão sempre subordinadas e servirão ao fim hoteleiro a que se destinam as unidades autônomas, pois seria inaceitável que, num condomínio especial de um edifício de hotel, pudessem os titulares das unidades autônomas utilizar certas áreas comuns de jardim, por exemplo, para passeio de seus animais de estimação, como às vezes ocorre nos condomínios tipicamente residenciais. As partes de propriedade e uso comum, num edifício de hotel submetido ao regime legal do condomínio especial, deverão sempre ser utilizadas tendo-se em vista o fim hoteleiro do edifício.

Cabe aqui salientar que, além de disciplinar essas partes comuns do edifício, a Convenção de Condomínio deverá também estabelecer as regras de uso, conservação, manutenção e substituição de todos os móveis, elementos de decoração, equipamentos, utensílios e demais bens que existirão naquelas partes comuns, inclusive os de cozinha, bar, das áreas de refeições e para os serviços de informática, de escritório, telefonia, segurança, etc., pois todos estes bens deverão ser tratados na Convenção igualmente como de propriedade e uso comum dos titulares das unidades autônomas, mas sempre de forma a servir o fim hoteleiro a que se destinam tais unidades. Tal regramento é igualmente normal nos demais tipos de edifícios, como os destinados a escritórios ou residências, quando se fala nos seus móveis, decoração e equipamentos que guarnecem, por exemplo, o hall de entrada ou a recepção dos mesmos. É importante aqui também acrescentar que o edifício de hotel, pelo fim a que se destinam as suas unidades autônomas, deve pressupor que os móveis e demais elementos de decoração que guarnecem essas unidades necessitam ser padronizados, ou seja, precisam ser os mesmos para todos os apartamentos ou suítes, dada a lógica unitária que preside as atividades hoteleiras. Nesse sentido, nada obsta que tais bens também sejam considerados de propriedade e uso comum, ainda que fiquem alocados nas unidades autônomas. Portanto, na Convenção de Condomínio deve ficar estabelecido que as regras que tratam do uso, manutenção, conservação e substituição dos bens comuns contidos nas partes coletivas do edifício, como antes referido, serão igualmente aplicadas a esses bens que guarnecem as unidades autônomas. O adquirente de uma unidade autônoma hoteleira a estará adquirindo, como de sua propriedade exclusiva, apenas a unidade em si e o que de fixo a ela está incorporado na sua construção, pois os bens que a guarnecem, como os que existem nas partes comuns do edifício, serão de sua propriedade coletiva, a ser exercida juntamente com os demais adquirentes das outras unidades autônomas, na mesma proporção de participação destas no terreno, nas áreas, partes e bens comuns do edifício.

II.2.a).5. A síntese das regras ligadas à destinação do edifício e à sua necessária exploração hoteleira e que devem sempre constar da Convenção de Condomínio

Em síntese, no que toca ao fim a que se destinam as unidades autônomas de um edifício de hotel submetido ao regime do condomínio edilício, a respectiva Convenção de Condomínio deve conter regras claras estabelecendo:

a) que o fim a que se destinam as unidades autônomas é o hoteleiro, não podendo ser dada outra utilização às mesmas, a não ser que, por decisão unânime de todos os condôminos (vide o art. 1.351 do Código Civil), haja a possibilidade legal, junto aos órgão públicos competentes, de alterar tal destinação;

b) que, em razão daquele fim, fique expressamente declarado que os condôminos titulares das unidades autônomas, ao adquiri-las, pretendem alcançar a realização daquele objetivo, mediante a obtenção de resultados, ainda que eventual e episodicamente negativos, decorrentes do desenvolvimento da atividade de exploração hoteleira de ditas unidades, de acordo com a forma legal prevista e delineada na própria Convenção;

c) que as partes de propriedade e uso coletivo serão sempre destinadas à satisfazer a finalidade hoteleira do edifício; e,

d) que as disposições sobre o uso, manutenção, conservação e substituição dos bens existentes nas partes comuns do edifício se aplicarão, também, aos bens que guarnecem as unidades autônomas, pois todos esses bens serão de propriedade coletiva.

II.2.b) A segunda questão: a administração do condomínio especializada em hotelaria

II.2.b).1. A transferência à uma pessoa jurídica especializada em hotelaria das funções administrativas do condomínio atribuídas legalmente ao síndico eleito. A manutenção das funções de representação do condomínio pelo síndico eleito e da sua responsabilidade pela convocação das assembléias condominiais

Nos termos do art. 1.347 do Código Civil, a assembléia de condôminos escolherá um síndico, condômino ou não, para exercer as funções de administração e representação do condomínio. Essas funções podem ser total ou parcialmente transferidas pelo síndico a outrem, mediante aprovação da assembléia e desde que não vedado pela Convenção, a teor do disposto no § 2º. do art. 1.348 do Código Civil.

Ora, em se tratando de um edifício de hotel, submetido ao regime do condomínio especial, é bastante evidente que, pela natureza e objetivos desse tipo de empreendimento, voltados para a obtenção de resultados decorrentes da exploração hoteleira de suas unidades autônomas, na forma prevista e delineada na Convenção Condominial, a administração desse condomínio precisa estar afeta à uma empresa especializada em hotelaria. Não se trata, pois, de um condomínio meramente residencial ou comercial, mas de um condomínio que pressupõe uma estrutura de serviços e de quadro de pessoal vocacionados para a realização da atividade hoteleira, pois esta foi eleita como sendo o fim a que se destinam as suas unidades autônomas e razão fundamental motivadora da sua aquisição pelos respectivos proprietários e condôminos, consoante deverá estar expressamente declarado na Convenção de Condomínio, como antes já referido.

Assim sendo, em face das disposições legais acima comentadas, não há qualquer impedimento que o síndico, ou a quem este transfira as suas funções administrativas, seja uma pessoa jurídica. Como se viu, o síndico poderá ser condômino, ou não. Sendo condômino, este poderá ser uma pessoa jurídica, se se considerar, por exemplo, que todos os condôminos do edifício sejam eventualmente pessoas jurídicas. Nessa linha de raciocínio, não sendo condômino o síndico escolhido, nada obsta que, igualmente, seja este uma pessoa jurídica ou, ainda, que sendo o síndico escolhido uma pessoa física, condômino ou não, nada impede que este transfira as suas funções administrativas à uma pessoa jurídica. A lei não faz distinção, pois as funções de administração do condomínio, a meu ver, poderão ser exercidas por uma pessoa física ou jurídica, esta, evidentemente, por meio de seus representantes legais autorizados a agirem em seu nome, para o exercício daquelas funções.

Portanto, na Convenção de Condomínio de um edifício de hotel, entendo ser absolutamente necessário que nela se estabeleça que as funções de administração do condomínio sejam atribuídas à uma pessoa jurídica especializada em hotelaria, por transferência dessas funções pelo síndico escolhido. Com este permaneceriam as funções da representação ativa e passiva do condomínio e a competência de convocação das assembléias de condôminos, consoante previsto, respectivamente, nos incisos I e II do art. 1.348 do Código Civil. Todas as outras atribuições do síndico, de caráter mais notadamente administrativo, referidas nos demais incisos daquele artigo de lei, seriam transferidas à uma pessoa jurídica especializada em hotelaria, devendo a Convenção detalhar essas atribuições, conformando-as com a natureza hoteleira desse tipo de condomínio especial.

II.2.b).2. A remuneração da administradora especializada em hotelaria e a eleição de um Conselho Fiscal previsto na lei

A Convenção de Condomínio, no tocante ainda ao tema da administração deste, deverá estabelecer o parâmetro de fixação da remuneração da empresa administradora especializada em hotelaria, como encargo condominial a ser suportado pelos condôminos, geralmente um valor fixo por unidade autônoma, reajustável anualmente por um índice oficial de atualização monetária.

Entendo, também, para a conclusão do presente item, que na Convenção do Condomínio deverá estar prevista a eleição do Conselho Fiscal de que trata o art. 1.356 do Código Civil, composto por três condôminos escolhidos em assembléia, e que tem a atribuição básica de dar parecer sobre as contas do síndico, conforme ali estatuído. Essas contas, em razão da transferência das funções administrativas do síndico à pessoa jurídica especializada em hotelaria, deverão ser prestadas por esta e sobre as mesmas recair o parecer do aludido Conselho.

II.2.c) A terceira questão: a forma legal de se realizar o fim a que as unidades autônomas se destinam

II.2.c).1. A natureza jurídica especial do condomínio edilício (ausência de personalidade jurídica própria) e a sua aptidão para a prática de determinados atos jurídicos

O condomínio edilício, tal como está disciplinado no Código Civil, não tem personalidade jurídica própria, sendo, por ficção legal, o que se poderia chamar de uma quase pessoa, pois se trata de uma entidade jurídica apta a praticar apenas determinados atos legalmente admitidos, ainda que com uma certa interpretação que lhe vem ampliando o alcance, formulada no domínio da doutrina e da jurisprudência. Assim é que a entidade jurídica do condomínio edilício pode: contratar e demitir funcionários; agir ou ser acionado em Juízo; fazer seguros; abrir e movimentar contas bancárias; aplicar no mercado financeiro saldos de fundos de reserva; realizar a compra, a contratação e a locação de determinados bens ou serviços necessários ao seu funcionamento, como, por exemplo, no que toca a material de limpeza, bens móveis de decoração, enxovais, utensílios, equipamentos de informática, de segurança, de escritório, serviços de conservação e manutenção de suas partes ou de seus equipamentos e, assim por diante. Inclusive o condomínio poderá locar a terceiros áreas coletivas de sua garagem para estacionamento (terceirização de "parking"), com renda destinada ao custeio do próprio condomínio e, obviamente, a contratação de empresa especializada em sua administração. Infelizmente não pode o condomínio, por exemplo, adquirir área de terreno adjacente para ampliar sua garagem, exigindo uma verdadeira engenharia jurídica para que os condôminos alcancem esse objetivo. Foi uma pena que o novo Código Civil não tenha atribuído personalidade jurídica ao condomínio edilício, para que este melhor interagisse com o mundo exterior.

II.2.c).2. Locação conjunta das unidades autônomas hoteleiras e dos respectivos bens e áreas comuns como forma apropriada à realização do fim a que se destinam as unidades autônomas do empreendimento hoteleiro. As partes integrantes dessa relação jurídica. O objeto da mesma.

Nesse quadro de limitação legal da capacidade contratual do condomínio edilício, como sujeito de direitos e obrigações, impõe-se que a Convenção do Condomínio de um edifício de hotéis discipline a forma legal para que se possa atingir o fim a que se destinam as suas unidades autônomas, ou seja, para que se alcance os resultados que os condôminos esperam e que lhes motivaram a aquisição dessas unidades e que são os decorrentes da realização de sua exploração hoteleira.

A forma legal, que me parece a mais apropriada à realidade jurídica de um condomínio especial aplicado a um edifício de hotel, bem como à realização dos objetivos acima referidos, é a que prevê que os proprietários das unidades autônomas hoteleiras aufiram uma renda locatícia decorrente da locação dessas unidades e de suas respectivas participações no terreno, nas partes comuns do edifício, nos bens que nelas existem e nos que guarnecem as suas unidades, todos, como vimos, co-propriedades coletivas dos condôminos, pois essas participações se vinculam às unidades e podem ser com estas objeto de uma relação de locação para a obtenção da renda decorrente.

Como se trata de uma relação jurídica de locação, a forma legal acima sugerida, há que se identificar, evidentemente, a pessoa locatária naquela relação, pois locadores serão os titulares e condôminos das unidades autônomas e o objeto da locação essas unidades e as suas respectivas participações nas partes e bens comuns do edifício.

Não poderá ser outra pessoa, a locatária, senão a empresa especializada em hotelaria na administração do condomínio, contratada por este para exercê-la por expressa delegação do síndico, autorizada em assembléia, tal como já antes mencionado ao me referir a esse tema.

II.2.c).2.1. A concepção unitária de um empreendimento hoteleiro: duas relações jurídicas coligadas (a de administração do condomínio e a da relação conjunta de locação)

Há, aqui, pois, duas relações jurídicas que vinculam a empresa especializada em hotelaria: uma relação decorrente de sua contratação para exercer a administração propriamente dita da infra-estrutura condominial hoteleira do edifício; e, outra, de locação conjunta das unidades autônomas e dos respectivos bens e áreas comuns, interpenetrando-se, como é perceptível, essas duas relações, embora ambas com direitos e obrigações específicos, formando, não obstante, um todo contratual de relações jurídicas coligadas, pois o eventual descumprimento de obrigações na área de uma das relações alcançará e gerará conseqüência no âmbito da outra[2].

A Convenção de Condomínio, como já dissemos, deverá estabelecer os direitos e obrigações, à luz da legislação, que vinculam a contratação da empresa especializada em hotelaria, para exercer a administração do condomínio, sendo este o contratante (embora, inicialmente, serão os contratantes o incorporador e os condôminos adquirentes de unidades autônomas do hotel, quando ainda em incorporação) e aquela empresa a prestadora desses serviços. Há que se detalhar de forma adequada esse tema, pois será, com base no disposto na Convenção, que a contratação mencionada ocorrerá, mediante transferência, pelo síndico escolhido, daquelas funções administrativas, devidamente autorizado por assembléia de condôminos prevista na própria lei e naquela Convenção. Essa relação contratual estará entrelaçada com a relação de locação, acima referida, e mediante a qual se atingirá o fim a que se destinam as unidades do edifício de hotel, como já dito, pois se deverá ter sempre presente que a correta administração da infra-estrutura condominial e hoteleira do edifício é condição básica para os bons resultados da exploração hoteleira das unidades autônomas mediante a relação locatícia com a administradora.

---

[2] Aplica-se, aqui, a teoria dos "contratos coligados", tratada por Orlando Gomes, em sua obra clássica "Contratos", de forma tal que basta a reprodução de conceitos ali expendidos sobre o tema, para se ver a sua perfeita aplicação à questão abordada no item acima e que admite como coligados os contratos de administração do condomínio e o de instituição da relação conjunta de locação. Diz ali o ilustre jurista, referindo-se à uma das formas de classificação da união de contratos, dada por ENNECERUS (união com dependência), o seguinte: "A união com dependência é a figura que mais se aproxima do contrato misto. Os contratos coligados são queridos pelas partes contratantes como um todo. Um depende do outro de tal modo que cada qual isoladamente é desinteressante. Mas não se fundem. Conservam a individualidade própria, por isso se distinguindo dos contratos mistos. A dependência pode ser recíproca ou não. Na primeira forma, dois contratos completos, embora autônomos, condicionam-se reciprocamente, em sua existência e validade. Cada qual é causa do outro, formando uma unidade econômica. Enfim, a intenção das partes é que um não exista sem o outro. A coligação dos contratos pode ser necessária ou voluntária. A coligação necessária, também chamada genética, é imposta pela lei, como a que existe entre o contrato de transporte aéreo e o de seguro de passageiro. Quando decorre da vontade dos interessados, como se verifica ordinariamente, diz-se voluntária. Visto que nessa união de contratos há reciprocidade, extinguem-se, ao mesmo tempo, a dissolução de um implicando a do outro".

Ambas as relações jurídicas deverão obedecer ao mesmo prazo de vigência e para renovação contratual ou rescisão, pois formam, como se disse, um todo coligado de direitos e obrigações regendo a operação do condomínio e o exercício da atividade de exploração hoteleira de suas unidades autônomas.

Diante do quadro antes exposto e se considerando a natureza específica de um edifício de hotel, submetido ao regime jurídico do condomínio especial (edilício), reitera-se a afirmação de que o mesmo tem que ser visto como um empreendimento de concepção unitária, em que as partes e bens comuns devem estar direcionados, juntamente com as unidades autônomas, num mesmo sentido, isto é, o de propiciar que os condôminos titulares das unidades autônomas possam auferir o mencionado rendimento locatício decorrente da locação das suas unidades, para a empresa especializada em hotelaria, que as explorará mediante contratos de hospedagem das mesmas com terceiros.

Em face da concepção acima reiterada e tendo presente que a administração da infra-estrutura condominial hoteleira do edifício estará detalhadamente disciplinada na Convenção Condominial, cabe abordar especificamente a relação de locação com a empresa especializada em hotelaria e responsável pela supra dita administração do edifício, uma vez que os direitos e obrigações decorrentes dessa locação deverão igualmente estar bem detalhados na mesma Convenção Condominial, porque irão formar um só corpo unitário de cláusulas, obrigando igualmente todos condôminos titulares das unidades autônomas locadas, gerando, pois, como a seguir se verá, um sistema de relação conjunta de locação.

Parece-me razoável e até apropriado, para os fins antes referidos, que se mencione na Convenção de Condomínio que o Contrato celebrado com a empresa hoteleira, ou a respectiva minuta, quando ainda não celebrado, faça parte da Convenção, como peça integrante desta, e que as suas cláusulas, desta maneira, serão tidas como se tivessem sido transcritas na Convenção, para todos os efeitos legais. Desta forma, todo o regramento que disciplina a administração condominial do edifício do hotel, bem como a relação conjunta de locação, ficará bem identificado e acolhido pela própria Convenção, ainda que esta ainda tenha sido elaborada na forma de minuta. Adotou-se este critério nas peças que compõem a Parte Prática do presente trabalho.

II.2.c).2.2. A integração necessária do condômino à relação conjunta de locação. Alteração em assembléia condominial das regras disciplinadoras da relação conjunta de locação: aspectos modificáveis com decisão qualificada de 2/3 dos condôminos e alterações só possíveis mediante decisão unânime dos condôminos. O respeito às regras do Código Civil sobre a faculdade de o condômino dispor de sua unidade autônoma (alienar, gravar, fruir dos rendimentos locatícios e usar a unidade).

Os condôminos titulares das unidades autônomas de um edifício de hotel submetido ao regime do condomínio especial integrarão necessariamente a relação conjunta de locação. Na Convenção de Condomínio deverá estar prevista essa integração necessária, pois, se assim não for, o sistema perderá a sua unidade. Por isso que tais regras disciplinadoras dessa relação locatícia deverão estar presentes na Convenção e só poderão ser alteradas por decisão qualificada de no mínimo 2/3 dos votos da totalidade dos condôminos e, ainda, assim, no que respeita aos aspectos apenas relacionados com a relação locatícia em si (forma de apuração do aluguel, parâmetros de fixação do mesmo, prazo locatício, prestação de contas, rescisão e substituição da empresa locatária, etc.), não podendo ser alvo de modificação a supressão do sistema, a não ser, a meu ver, pela decisão unânime dos condôminos, pois aquele sistema conjunto de locação foi a forma eleita para se atingir o fim a que se destinam as unidades autônomas, isto é, a obtenção do rendimento locatício decorrente da exploração hoteleira das unidades assim locadas.

São, portanto, normas convencionais passíveis de supressão apenas pela vontade unânime dos condôminos aquelas que: (a) conferiram o fim hoteleiro às unidades autônomas; (b) determinaram que a administração especializada do condomínio seja feita por uma empresa hoteleira; e, (c) instituíram o sistema conjunto de locação das unidade autônomas e respectivas participações nas partes e bens comuns do edifício para aquela mesma empresa hoteleira. Tal entendimento, não fere, a meu juízo, o disposto na parte final do § 1º. do art. 1.331 do Código Civil, porque os condôminos que aderirem ao condomínio, assim constituído, adquirindo a sua unidade autônoma, poderão aliená-la e gravá-la livremente, ficando o eventual adquirente, que poderá ser a própria locatária, no exercício do seu direito de preferência, ou o titular do gravame, adstritos a respeitar aquelas normas convencionais, as quais, pela publicidade do registro da Convenção do Condomínio, no Registro de Imóveis competente, serão de conhecimento *erga omnes*.

Nesse sentido, o Parágrafo único do art. 1.333 do Código Civil diz expressamente que, para ser oponível contra terceiros, a Convenção do Condomínio deverá ser registrada no Cartório de Registro de Imóveis. Diga-se, ademais, que aquelas normas convencionais não impedem, a teor do inciso I do art. 1.335 do Código Civil, que o titular da unidade autônoma use e frua livremente da mesma, porque é de sua livre deliberação apenas fruir do rendimento locatício advindo do sistema conjunto de locação previsto na Convenção. No que tange ao uso da unidade, este poderá ser exercido pelo condômino, como um hóspede especial, de acordo com as regras previstas para tanto na Convenção.

II.2.c).2.3. Unidade e coerência da relação conjunta de locação e a representação dos condôminos locadores pelo síndico eleito. Decisões sobre a relação conjunta de locação pelas assembléias de condôminos: quorum *para aprovação.*

Na Convenção de Condomínio, para a manutenção da coerência e unidade do sistema conjunto de locação, há que se estipular que o síndico eleito, em nome de todos os condôminos, os representará, como seu procurador ali formalmente constituído, nas providências legais que sejam necessárias para o efetivo cumprimento das obrigações locatícias por parte da empresa hoteleira locatária, inclusive mediante advogado habilitado com poderes para agir em Juízo em nome de todos os condôminos locadores. As decisões a respeito, e que nortearão a ação do síndico, por todos, deverão ser tomadas em assembléia de condôminos, regularmente convocada, e cujas decisões serão tomadas pelo *quorum* composto dos votos dados pela maioria simples dos condôminos presentes. Deverá ficar ali estabelecido na Convenção, também, que a decisão que, eventualmente, importar em demanda que possa implicar na rescisão da relação locatícia conjunta, há que ser tomada com base no voto qualificado de 2/3 dos condôminos presentes, pela importância do tema. Ressalve-se, ainda, que a Convenção deverá conter a previsão do direito de condôminos discordantes com a decisão tomada na assembléia, de poder alterar a mesma, mas sempre mediante amparo judicial que reverta o decidido, para que seja acatado pelos demais condôminos e, portanto, para reorientar a ação do síndico. Importa dizer, nesse aspecto da proteção dos condôminos em face das decisões assembleares, a respeito da relação conjunta de locação, que a Convenção conterá norma estabelecendo que assistirá ao condômino, caso, num determinado mês, deixe de receber a sua renda locatícia devida, que este poderá agir em juízo contra a locatária para cobrar o que julga lhe ser devido, mas não mediante ação de despejo, pois tal decisão deverá ser tomada no âmbito da assembléia convocada para tanto, inclusive pelo próprio condômino prejudicado, pois a rescisão do sistema conjunto de locação, por tal fato, deverá abranger todo o sistema, amparado por decisão assemblear, nas condições acima referidas, inclusive de eventual reversão da decisão havida por iniciativa dos condôminos eventualmente vencidos, como acima se disse.

A relação de locação, contida no referido sistema conjunto, deve prever, conforme disposto na Convenção de Condomínio, que todas as cláusulas e condições, que a disciplinam, vinculem de maneira unitária o pólo constituído pelos locadores (condôminos titulares das unidades autônomas), ligando-os conjuntamente ao pólo constituído pela empresa locatária especializada em hotelaria e, como vimos, também contratada para gerir a infra-estrutura condominial hoteleira do edifício. Essa unidade do pólo dos locadores, exercendo sempre em conjunto os direitos e obrigações decorrentes da relação locatícia contida no sistema, mediante a representação do síndico e com base nas decisões assembleares, consoante as regras convencionais antes mencionadas, é ponto chave para a manutenção da unidade do sistema.

Todo o sistema conjunto de locação antes delineado não discrepa, a meu ver, da legislação aplicável e nem configura atos vedados por esta.

Com efeito, é a Convenção de Condomínio o instrumento jurídico, legalmente admitido, mediante o qual se estabelece um acordo de vontades visando a instituição do regime do condomínio especial aplicado a um determinado edifício. É, portanto, um instrumento contratual ao qual livremente aderem os titulares das unidades autônomas, seja na instituição do condomínio, seja posteriormente quando da aquisição da respectiva unidade autônoma, pois dito instrumento, nesta segunda hipótese, já deverá estar arquivado e/ou registrado no Registro de Imóveis competente. A adesão aos termos da Convenção se dará pelo fato da assinatura direta no respectivo instrumento, quando da instituição do condomínio, ou posteriormente no instrumento de aquisição da unidade autônoma, como ali deverá estar expressamente declarado, bem como que tal obrigará herdeiros e sucessores do declarante. Nada obsta, em termos legais, portanto, que essa adesão aos termos da Convenção de Condomínio se processe por uma das duas forma acima referidas. Assim sendo, ou no próprio instrumento de constituição da Convenção, ou no instrumento posterior de aquisição da unidade autônoma, deverá estar expressamente declarado que o titular da unidade autônoma concorda, de forma irretratável e irrevogável, salvo alteração posterior do convencionado por decisão unânime, que: (a) o fim a que se destinam as unidades autônomas do edifício seja o hoteleiro; (b) a administração do condomínio se dê por empresa especializada em hotelaria, ficando o Síndico que for eleito com o poder/dever de transferir essa administração à dita empresa, mediante contratação pelo próprio condomínio, por ele representado, com base em decisão assemblear; (c) todas as unidades autônomas do edifício e respectivas participações nas áreas e bens comuns sejam objeto de um sistema conjunto de locação, a ser formalizado por todos os condôminos, como locadores, representados pelo síndico que for eleito, e a empresa especializada em hotelaria, como locatária, com base nas regras e parâmetros definidos na própria Convenção.

Destaque-se, ademais, que o síndico, que for eleito pelos condôminos do edifício, já terá destes recebido, mercê do estatuído na Convenção e da formal adesão dos condôminos à mesma, os poderes de representação coletiva de todos, não só para o exercício das funções legais que permaneceram a ele atribuídas pela Convenção e que dizem respeito à representação legal do Condomínio, inclusive para a contratação da administração especializada em hotelaria, e de Convocação das Assembléias, como antes já referido, bem como os poderes, irretratáveis e irrevogáveis, para a representação de todos os condôminos no âmbito do sistema conjunto de locação das unidades autônomas e para a prática, em nome destes, de todos os atos relativos à essa relação locatícia conjunta, consoante nesta também já anteriormente referido.

Entendida, assim, a relação locatícia conjunta acima referida, como a forma convencionalmente adotada para se atingir o fim a que se destinam as unidades autônomas hoteleiras do edifício, ou seja, para se poder auferir um rendimento locatício decorrente das unidades locadas e integrantes daquele relação, cabe dizer que na Convenção de Condomínio deverão estar necessariamente disciplinadas as cláusulas e condições específicas que regerão aquele sistema.

II.2.c).2.4. As demais cláusulas específicas que devem reger a relação conjunta de locação: (a) a base legal das relações entre os condôminos locadores e a empresa hoteleira locatária do sistema (art. 51 da Lei 8.245/18.10.91); (b) a base legal para a efetivação da exploração hoteleira, pela empresa locatária, nas suas relações jurídicas de sublocação com os hóspedes (art. 1º, parágrafo único, letra a), inciso IV da Lei 8.245/18.10.91); (c) o estabelecimento de aluguel fixo e de aluguel variável na relação conjunta de locação e a forma de sua apuração.

Salvo uma ou outra variação aplicável em cada caso, entendo que as cláusulas e condições antes comentadas, além de abrangerem o que, de maneira geral, já foi por mim referido, no que tange à adesão necessária ao sistema, às partes, ao objeto da locação, à forma de representação do pólo locador e à sistemática de decisão sobre as questões locatícias, deverão abordar especificamente mais o seguinte:

a) que o supracitado sistema conjunto de locação, no que diz respeito às relações entre o pólo dos locadores e a empresa locatária, por envolver imóvel urbano, como o são em sua quase totalidade os edifícios de um hotel, será regido pela Lei 8.245, de 18 de outubro de 1991, que é o estatuto das locações urbanas, sendo que, no caso específico daquele sistema, por envolver apartamentos e/ou suítes de um edifício de hotel, a locação decorrente deve ser tratada como para fins não tipicamente residenciais, porque hoteleiros, enquadrando-se, pois, nas disposições dos arts. 51 e seguintes do aludido do diploma legal, Seção III – Da locação não residencial;

b) que, não obstante o acima estabelecido, a locatária, para a efetivação da exploração hoteleira das unidades a si locadas e integrantes do aludido sistema conjunto de locação, praticará a sublocação dessas unidades, mediante contratos de hospedagem com os eventuais usuários das mesmas e das respectivas partes e bens comuns do edifício, pois, na sistemática do Código Civil, quando se loca, ou subloca, um imóvel (no caso um apartamento e/ou uma suíte de um edifício de hotel) em que o foco principal é a prestação de serviços regulares do tipo hoteleiro (camareira, serviços de atendimento nos apartamentos, utilização de "frigo-bar", fornecimento de café da manhã, bebidas e refeições nas áreas de "coffee-shop", bar e restaurante, serviços de telefonia, de despertador, de transmissão de recados, de lavanderia, de sistema de informática, de recepção, de carregador de bagagens, etc.), o que se terá é uma relação contratual de hospedagem e como tal deve ser considerada, para todos os efeitos legais;

c) que, em face ao exposto no item anterior, a base legal para o enquadramento no Código Civil da relação de sublocação das unidades autônomas e respectivas partes comuns do edifício, a ser efetivada pela empresa locatária especializada em hotelaria, junto aos respectivos sublocatários/hóspedes, encontra-se disposto no inciso IV, letra *a*, Parágrafo único, do art. 1º. da referida Lei 8.245/91, quando diz:

"Art. 1º. A locação de imóvel urbano regula-se pelo disposto nesta Lei. Parágrafo único. Continuam regulados pelo Código Civil e pelas leis especiais:

a) as locações:
1- ...
2-...
3-...
4. em apart-hotéis, hotéis-residência ou equiparados, assim conside-
rados aqueles que prestam serviços regulares a seus usuários e como
tais sejam autorizados a funcionar.";

d) que, o aluguel mensal de cada apartamento ou suíte do edifício do hotel será composto de uma parte fixa e de uma parte variá-vel, devendo o montante fixo ser reajustado no prazo e pelos índices legalmente permitidos, segundo a referida Lei 8.245/91, e a parte variável deverá corresponder à um percentual sobre o montante da receita bruta mensal decorrente da exploração hoteleira feita pela locatária, até um limite mensal para cada pagamento, configurado tal limite por um percentual pactuado sobre o resultado entre a receita e a despesa mensal relativa àquela exploração, a ser apurado pelo regime contábil de com-petência e mediante a seguinte sistemática a ser posta em prática pela locatária junto a sua contabilidade:
1) levantará a receita mensal decorrente das diárias de hospeda-gem nos apartamentos e/ou suítes, dos serviços hoteleiros e de fornecimentos de alimentos e bebidas aos respectivos hóspe-des, como frutos da sublocação de hospedagem daquelas uni-dades e correspondente exploração das respectivas partes e bens comuns; 2) deduzirá daquela receita os tributos que sobre ela incidem diretamente (PIS, COFINS, ISS, ICMS), as comissões de agenciamento mercantil, as relativas à utilização de cartão de crédito pelos hóspedes, *o aluguel fixo*, e um valor estipulado na forma de um percentual sobre a receita líquida (receita bruta menos os tributos diretos referidos), a título de *dedução contratual básica* relativa ao trabalho da locatária; 3) deduzirá daquela receita as demais e correspondentes despesas necessárias à gera-ção da mesma e, pois, necessárias, em última análise, à própria operação condominial hoteleira do edifício, capazes de permitir a realização das hospedagens no mês de referência e, portanto, capazes de provocar, como se disse, aquela receita de diárias e demais vinculadas à estadia dos hóspedes, sendo certo, ainda,

que, para efeito também dessa apuração, deduzirá o valor das despesas mensais de reposição dos insumos para as áreas de alimentos e bebidas, consoante referido no final da letra *e* seguinte e, ainda, um valor estipulado na forma de um percentual sobre esse remanescente da receita, a título de *dedução contratual de incentivo* ao trabalho da locatária; 4) obterá, dentro do percentual/ limite estabelecido, o valor a ser utilizado para pagamento da *parte variável do aluguel mensal e que corresponde, dentro do supracitado limite, ao percentual ajustado e incidente sobre a receita mensal bruta da exploração hoteleira,* a ser pago aos respectivos condôminos, juntamente com a respectiva *parte fixa*, estabelecendo-se a data para pagamento do primeiro aluguel, assim composto, até 45 dias após a apuração referida, a fim de se possibilitar o efetivo ingresso das receitas e a efetiva saída das correspondentes despesas naquele interregno, para se poder pagar o aluguel (fixo mais variável) relativo ao mês de apuração, agora pelo regime de caixa, e, assim sucessivamente; se, num determinado mês de apuração, o valor da parte variável superar o limite para pagamento da mesma, a diferença será diferida para pagamento nos meses seguintes, até esgotá-la e, assim, sucessivamente;

e) que caberá à locatária, com o produto das receitas referidas no item anterior e dentro da seqüência de deduções sobre as mesmas ali previstas, efetuar a transferência para a conta corrente bancária do condomínio do edifício, mensalmente, contra-recibo daquele, os montantes necessários ao atendimento das despesas condominiais referidas no nº 3 da letra *d* anterior, todas de caráter operacional e ligadas à atividade condominial hoteleira do edifício, tidas, portanto, como despesas condominiais previstas na Convenção de Condomínio (tais como as despesas de salário dos funcionários do condomínio e dos respectivos encargos sociais, consistentes da taxa da administradora, de contratos de manutenção, de prestação de serviços ao condomínio, de reposição de amenidades para os apartamentos, de material de escritório, gráfica e computação, de promoção e vendas, de bens e materiais ligados à conservação, manutenção e limpeza das partes e bens comuns, de telefonia, energia e demais insumos, etc.), ficando de fora, apenas, as despesas relativas à substituição dos insumos para as áreas de alimentos e bebidas, uma vez que tais despesas deverão ser sempre feitas na contabilidade da locatária, uma vez que o condomínio não tem aptidão legal para comerciar com tais produtos, muito embora o valor dessas despesas seja deduzido das receitas mensais para fins de apuração do montante do aluguel variável, conforme previsto no item 3 da letra *d* anterior; e,

f) que, o aluguel será pago aos locadores mediante rateio, entre todos, do valor apurado (o valor fixo mais o variável), dividin-do-se este pela quantidade de apartamentos integrantes do sistema e distribuindo-se o resultado à cada locador com base no número de apartamentos que possuir no edifício, conside-rando-se sempre que num edifício de hotel todos os apartamen-tos devem ter a mesma dimensão, salvo o caso de algumas suítes especiais em que se aplicaria, para o rateio, por exemplo, o critério da fração ideal de terreno atribuído à cada unidade.

II.2.c).2.5. Síntese das razões que militam em favor da escolha da relação conjunta de locação para a realização do fim a que se destinam as unidades autônomas do empreendimento hoteleiro.

Finalmente, para arremate desse item relativo à forma pre-vista na Convenção Condominial para se realizar o fim a que se destinam as unidades autônomas do edifício do hotel, ou seja, a forma compreendida pelo aludido sistema conjunto de locação, é importante destacar os seguintes aspectos que militam em favor da escolha de citada forma e, obviamente, da escolha em se insti-tuir, antes, o regime do condomínio especial para o edifício de hotel onde aquele sistema conjunto de locação será aplicado:

a) cada condômino, ao aderir ao referido sistema, manterá a sua independência como proprietário da respectiva unidade autô-noma, podendo aliená-la (respeitada apenas a preferência da locatária) ou gravá-la, livremente, como diz a lei, podendo, pois, dispor da unidade como melhor lhe aprouver, inclusive doá-la, fazê-la alvo de testamento, partilhas, etc., respeitando-se, porém, como obrigação dos envolvidos nesses atos, todos os termos e condições estabelecidos na Convenção Condominial e nas relações contratuais de administração e de locação ajustadas com a empresa especializada em hotelaria; diga-se, ainda, como já antes referido neste trabalho, que o condômino poderá usar da própria unidade integrante do sistema, como um hóspede especial, de acordo com as regras para tanto previstas na Convenção de Condomínio;

b) as regras que presidirão todo o sistema operacional do condomínio do edifício e as relações de administração e locação com a empresa especializada em hotelaria estarão amplamente detalhadas na Convenção Condominial, ou por esta acolhidas, e claramente amparadas na legislação diretamente aplicável (o Código Civil Brasileiro, a Lei 4.591/64, das incorporações imobiliárias, e a Lei 8.245/91, das locações urbanas), sendo que o mecanismo decisório a respeito dessas relações estarão previstos na Convenção, como já anteriormente referido, prevalecendo, sempre, sem maiores custos ou formalidades, a Assembléia de Condôminos com órgão supremo e soberano de deliberação a respeito das mesmas;

c) o condomínio do edifício, como tal, a despeito de sua administração ser atribuída à uma empresa especializada em hotelaria, bem como ser esta a locatária de todos os apartamentos do edifício e respectivas participações nos bens comuns, manterá a sua integridade jurídico/operacional, sendo uma entidade legalmente constituída e que permanecerá caso se rescindam as relações de administração e locação com a referida empresa, devendo os condôminos substituí-la para seguimento normal da vida condominial e manutenção do sistema, para que esteja sempre apto a realizar o fim a que se destinam as unidades adquiridas pelos condôminos, ou seja, o de propiciar uma renda imobiliária locatícia decorrente da exploração hoteleira das mesmas; nesse aspecto, frise-se que todo o corpo de funcionários do edifício, vocacionados para a hotelaria, serão sempre pertencentes ao condomínio, neste registrados, para que não haja qualquer solução de continuidade na eventual substituição da empresa hoteleira;

d) a facilidade e a segurança contratual, inclusive ligada ao conceito de bem de raiz, na órbita do direito real, no que tange à aquisição das unidades autônomas do edifício do hotel, seja no lançamento de sua incorporação imobiliária (Lei 4.591/64), ou posteriormente ao funcionamento do edifício assim incorporado e, ainda, na aquisição da unidade de um edifício de hotel, já funcionando, e ao qual se aplicou o regime legal do condomínio especial;

e) o sistema do condomínio edilício aplicado a um edifício de hotel e a locação conjunta de suas unidades autônomas, como forma de se obter o rendimento locatício decorrente da exploração hoteleira das mesmas, não discrepam de uma certa cultura de investimento em bem de raiz, como acima dito, típica de países como o Brasil, inserindo-se, ao contrário, na mesma, com bastante adequação, mas por meio de uma sistemática mais moderna de investimento, mantida, porém, a base cultural do bem imobiliário; e,

f) a possibilidade de se instituir mecanismos de concessão de financiamento para o adquirente das unidades autônomas, ampliando-se as formas de se promover o desenvolvimento e a capitalização dos empreendimentos hoteleiros, como se verá no item seguinte.

III - A Capitalização dos Empreendimentos Hoteleiros com Base em Sua Constituição Sob o Regime Legal do Condomínio Edilício

Os empreendimentos hoteleiros, de maneira geral, poderão ser beneficiados com a adoção, pelos mesmos, do regime legal do condomínio especial (edilício) abordado no presente trabalho, visando, como se disse antes, o seu desenvolvimento e capitalização.

Esta adoção, como já foi visto, poderá se dar em dois momentos: ou na formatação jurídica do empreendimento, objetivando o lançamento da respectiva incorporação imobiliária do edifício do hotel, mediante o registro do respectivo Memorial e minuta da futura Convenção Condominial, no Registro de Imóveis competente, nos termos dos arts. 28 e seguintes da referida Lei 4.591/64, combinados com as disposições a respeito do Código Civil Brasileiro (arts. 1.331 à 1358); ou na instituição daquele regime condominial para os empreendimentos hoteleiros já em operação, mediante a formalização jurídica e registro, também no Registro de Imóveis competente, do instrumento da respectiva Instituição e Convenção Condominial, a teor do disposto nas citadas disposições aplicáveis do Código Civil Brasileiro.

Em qualquer das duas hipóteses antes referidas, o que se deve ter presente é que a aplicação do condomínio especial aos empreendimentos hoteleiros objetivará, para o seu desenvolvimento e capitalização, a comercialização de seus apartamentos e/ou suítes, como unidades autônomas, mediante a aquisição por terceiros interessados em obter uma renda imobiliária locatícia decorrente da exploração hoteleira do edifício, nos moldes e com a configuração jurídica aqui antes comentada.

Assim é que, tanto para os novos empreendimentos, como para os que, já em operação, venham a se transformar em um condomínio edilício, o interesse primordial é o ingresso dos recursos decorrentes das vendas das unidades autônomas, seja para viabilizar a incorporação do novo empreendimento hoteleiro lançado, seja para gerar os recursos necessários à remodelação do hotel já em operação e a sua recolocação no mercado.

Tanto num caso como noutro, há a possibilidade legal de se obter financiamento do preço para o comprador final da unidade autônoma, mediante a hipoteca desta, em favor do Banco concedente do financiamento que, ademais dessa garantia, poderá receber, também, a garantia caucionária sobre os direitos ao valor do aluguel mensal (fixo mais variável) que fosse devido ao financiado por integrar o sistema conjunto de locação dos apartamentos do edifício do hotel. Nessa hipótese, a referida garantia caucionária irá prever que a empresa hoteleira locatária ficaria obrigada a depositar, em favor do Banco concedente do financiamento, o montante daquele aluguel mensal até o limite necessário ao pagamento da prestação mensal do financiamento concedido, liberando apenas o remanescente para o financiado. Desta forma, o Banco concedente do financiamento estaria duplamente garantido: não só pela hipoteca da unidade autônoma, bem como pela caução sobre o valor mensal do aluguel devido à unidade.

O financiamento poderia se dar, num primeiro momento, para o incorporador do edifício do hotel, no caso de novos empreendimentos, como para o(s) proprietário(s) do hotel em funcionamento, quando transformado em condomínio especial, e, num segundo momento, para o adquirente final da unidade autônoma, mediante repasse de partes do valor financiado ao incorporador ou ao(s) proprietário(s) do hotel em funcionamento, partes essas correspondentes ao preço de venda da unidade autônoma, nos moldes já conhecidos em que se operou esses repasses de financiamento dentro do sistema financeiro da habitação.

A criação de linhas de financiamento do tipo antes sugerido, mediante a dupla garantia antes mencionada, somente possível em se tratando de financiamento para a aquisição de unidades autônomas num edifício de hotel submetido ao regime do condomínio especial (edilício), iria com certeza dinamizar a construção de novos hotéis, bem como a reforma e a recolocação no mercado de hotéis já em operação, ampliando-se e renovando-se o parque hoteleiro nacional, com a inevitável geração de empregos, não só na área da construção civil, como no setor operacional hoteleiro propriamente dito.

Não tenho dúvidas de que o regime legal do condomínio especial (edilício) aplicado aos edifícios de hotéis, novos ou já em operação, seria de fato um excelente instrumento para o desenvolvimento e a capitalização dos empreendimentos hoteleiros em nosso país.

PARTE PRÁTICA

Minuta

(O texto abaixo contém um exemplo de minuta de Convenção de Condomínio elaborada e assinada pelo incorporador de um edifício de hotel (exemplificativamente com dois pavimentos e 96 unidades autônomas, todas com a mesma metragem e decoração), quando do lançamento comercial da respectiva incorporação e que deve ser necessariamente arquivada no Registro de Imóveis competente, acompanhando todos os documentos que instruem o registro do Memorial de Incorporação, nos termos do art. 32, letra *j*), da Lei 4.591/64).

INSTRUMENTO PARTICULAR DE CONVENÇÃO DE CONDOMÍNIO DO "EDIFÍCIO ... (INDICAR O NOME)"

Pelo presente fica estabelecida, com base nos arts. 1.331 e seguintes do Código Civil Brasileiro, a Convenção de Condomínio do **EDIFÍCIO** ... (indicar o nome), incorporado e construído em terreno com ...m^2 (indicar a metragem quadrada), e localizado ... (indicar a rua, avenida ou via de situação, numeração, bairro, município e Estado).

CAPÍTULO I - DA DESTINAÇÃO

Art. 1º. O "EDIFÍCIO ... (indicar o nome)", doravante identificado apenas por edifício, é composto das unidades autônomas e das respectivas áreas e partes comuns descritas na presente Convenção, destinando-se exclusivamente a fins hoteleiros, como condição fundamental de sua subordinação jurídica ao regime do condomínio edilício previsto nos arts. 1.331 e seguintes do Código Civil Brasileiro.

Art. 2º. Todas as unidades autônomas do edifício, doravante denominadas apartamentos, só poderão ser utilizadas, no âmbito da destinação estipulada no artigo anterior, para abrigar exclusivamente hóspedes e durante o tempo da respectiva hospedagem que com estes for sendo ajustada. Isso se dará sob administração condominial do edifício a cargo de empresa especializada em hotelaria e que também fará a gerência, operação e exploração comercial de hospedagem dos referidos apartamentos e a exploração comercial das respectivas áreas e coisas comuns aptas a isso, dentro de um sistema unificado e conjunto de locação daqueles apartamentos, em que a mencionada empresa atuará como locatária dos mesmos e das respectivas áreas e coisas comuns, conforme adiante estabelecido no presente instrumento.

Parágrafo único. É vedada a utilização dos apartamentos do edifício para quaisquer outros fins que não os exclusivamente hoteleiros, não sendo permitida, desta forma, a sua utilização para finalidades meramente residenciais, ou para abrigar atividades de escritório, de consultório, de loja, de manufatura, de indústria ou de qualquer outro tipo diferente da atividade hoteleira, seja pelo próprio condômino, quando proprietário do apartamento ou titular de direitos de aquisição do mesmo, seja por terceiros baseados em qualquer ajuste ou autorização, escrita ou verbal, pactuada com aquele, sob qualquer título jurídico, vez que ditos apartamentos só poderão ser utilizados por pessoas na condição de hóspedes e exclusivamente dentro da administração condominial e do sistema a que alude o *caput* do presente artigo.

Art. 3º. As demais áreas e partes comuns do edifício só poderão ser utilizadas, de acordo com a sua localização e natureza, para atividades relacionadas com a finalidade hoteleira do edifício e, portanto, deverão ser utilizadas para abrigarem atividades consistentes de serviços condominiais hoteleiros, tanto os de caráter administrativo e operacional, como os de atendimento aos hóspedes. Assim sendo e dentro dessa concepção, aquelas áreas incluem os locais de acesso ("lobby"), de recepção, escritório da administração, almoxarifado, os locais para elaboração e fornecimento de alimentos e bebidas (cozinha, "coffee shopp" e bar), os locais para salão de eventos, para o estacionamento de veículos dos hóspedes, para lazer destes e para a sua circulação e a dos funcionários do condomínio.

CAPÍTULO II - DA DESCRIÇÃO

Art. 4º. Os apartamentos do edifício, perfeitamente descritos e caracterizados no Memorial de Incorporação e no Instrumento de Constituição e Especificação do Condomínio, estão localizados no pavimento térreo e no pavimento superior, uma vez que o edifício é composto apenas por dois pavimentos, totalizando 96 (noventa e seis) unidades autônomas, assim identificadas e distribuídas:

• no **PAVIMENTO TÉRREO:** apartamentos de nºs 101 (cento e um) à 148 (cento e quarenta e oito), no total de 48 (quarenta e oito) apartamentos; e,

• no **PAVIMENTO SUPERIOR:** apartamentos de nºs 201 (duzentos e um) à 248 (duzentos e quarenta e oito), totalizando mais 48 (quarenta e oito) apartamentos.

Art. 5º. As áreas e partes de propriedade e uso comum do edifício são, além daquelas mencionadas no § 2º do art. 1.331 do Código Civil Brasileiro, o terreno onde se assenta a sua construção e, com relação a esta, as fundações, os montantes, as colunas, as vigas, os pisos de concreto armado, as escadas, as paredes internas do edifício, as paredes limítrofes das unidades autônomas e destas com as áreas comuns, os ornamentos das fachadas (com exclusão das janelas, persianas e portas de entrada das unidades autônomas), caixa d'água, o sistema de ar-condicionado, os condutores de águas pluviais, os encanamentos-tronco de eletricidade, hidráulica, telefone e todos os demais ramais de uso comum. São também de propriedade e uso comum as áreas do pavimento térreo (excluídas as unidades autônomas ali situadas), compreendendo o "lobby", recepção, escritório da administração, almoxarifado, sanitários, vestiários, áreas para cozinha, "coffe-shopp", bar e serviços de refeições, corredores de circulação, terraço, piscina, áreas de lazer e jardins, bem como as áreas do pavimento superior (com exclusão das unidades autônomas ali situadas), abrangendo corredores de circulação, "hall", salão para eventos, sanitários e almoxarifado. São, ainda, de propriedade e uso comum do edifício, a área externa do pavimento térreo para circulação e estacionamento, sem manobrista, de veículos de passeio dos hóspedes, todas indeterminadas e demarcadas no chão, guarita de entrada e, de modo geral, todas as demais partes de uso coletivo, ainda que aqui não expressamente mencionadas, mas que não tenham sido descritas como de propriedade autônoma e exclusiva no Instrumento de Memorial de Incorporação e no de Constituição e Especificação do respectivo Condomínio.

Parágrafo único. Ressalte-se, ademais, que, na proporção de 1/96 avos por apartamento, são bens de propriedade comum de todos os condôminos, enquanto proprietários dos apartamentos ou titulares de direitos à aquisição dos mesmos, sob qualquer título jurídico, todos os equipamentos, utensílios, mobiliário e demais elementos de equipagem e decoração do edifício, tanto os localizados nas áreas comuns, quanto nos apartamentos, uma vez que se destinam a dar suporte à realização do objetivo comum daqueles condôminos e que motivou e justificou os seus investimentos na aquisição de seus apartamentos, qual seja o de obterem, junto à operadora e locatária, uma renda locatícia mensal imobiliária decorrente da atividade hoteleira a ser por esta desenvolvida no edifício, conforme já antes referido no art. 2º do presente.

CAPÍTULO III - DO SISTEMA ESPECIALIZADO DE ADMINISTRAÇÃO CONDOMINIAL DO EDIFÍCIO, CONJUGADO À RELAÇÃO CONJUNTA DE LOCAÇÃO DE TODOS OS SEUS APARTAMENTOS E DOS RESPECTIVOS BENS E COISAS COMUNS

Art. 6º. A infra-estrutura condominial do edifício, de natureza e finalidade exclusivamente hoteleira, será necessariamente administrada por empresa especializada e cujo objeto social deve ser o de administração, operação e exploração comercial de hotéis, "apart-hotéis", ou de empreendimentos similares.

Art. 7º. A empresa referida no artigo anterior, doravante identificada simplesmente por operadora, uma vez que operará um sistema unificado e conjunto de administração condominial e de relação conjunta de locação das unidades autônomas e respectivas áreas e coisas comuns, poderá ser condômina ou não do edifício, sendo certo que a sua contratação deverá se dar mediante contrato particular, inicialmente a ser celebrado com a incorporadora do edifício e, posteriormente, em suas renovações ou na contratação eventual de outra empresa, com o Condomínio e respectivos condôminos. Tal contrato terá por objeto a prestação dos serviços de administração condominial do edifício e de uma relação conjunta de locação de todos os seus apartamentos e das respectivas áreas e coisas comuns, para fins de exploração comercial destas e da hospedagem nos apartamentos, a ser efetivada pela operadora e que figurará, naquele sistema, como contratada e locatária desses apartamentos e bens comuns, gerando aos condôminos proprietários ou titulares de direitos sobre estes, como contratantes e locadores, uma renda mensal locatícia imobiliária, sendo parte fixa e outra variável, distribuída a estes na proporção de 1/96 avos por apartamento.

Art. 8º. A operadora do sistema de administração condominial e da relação conjunta de locação, relativamente ao edifício, será, necessariamente, como dito no artigo anterior, a empresa que, como locatária, realizará a exploração comercial hoteleira de todos os apartamentos e das respectivas áreas e coisas comuns do edifício, nos termos do contrato referido naquele artigo, ao qual necessariamente aderirão os adquirentes dos apartamentos, ou seus sucessores, como condição essencial para a aquisição dos mesmos, em face da destinação hoteleira do edifício. Assim, o ato da simples aquisição do apartamento, ou dos direitos à propriedade deste, sob qualquer forma jurídica, representará a automática adesão àquele contrato, bem como a plena aceitação de todo o disposto nesta Convenção e, especificamente, no presente artigo. Desse modo, a eventual renovação daquele contrato ou a contratação de outra empresa hoteleira, após o término do prazo contratual ou por rescisão motivada do contrato, ocorrerão por decisão da maioria de 2/3 dos condôminos do edifício, desde que proprietários de apartamentos ou titulares de direitos à aquisição dos mesmos, presentes, ou representados por procurador formalmente constituído, à respectiva Assembléia Geral de Condôminos em que tais temas sejam debatidos e votados, devendo os demais condôminos, com votos vencidos ou ausentes da assembléia, acatar a respectiva decisão. Assim sendo, desde já e mercê do aqui disposto, todos os condôminos conferem aos demais que ali estiverem deliberando, os poderes para a renovação contratual ou para a contratação de outra operadora, desde que respeitada a presente convenção e mantidos as mesmas regras e princípios que nortearam a feitura do primeiro e retrocitado contrato, celebrado com a primeira operadora. Caso haja fundamentados motivos legais e contratuais, 1/4 (um quarto) de condôminos, desde que proprietários de apartamentos ou titulares de direitos de aquisição sobre os mesmos, vencidos ou ausentes da assembléia, mas em desacordo com a deliberação nela havida, poderá tentar reverter a respectiva deliberação, mediante ação judicial competente, e cuja respectiva sentença, transitada em julgado, deverá assegurar àquele 1/4 de condôminos vencedores da lide, o direito de efetuarem outra contratação, válida somente após a sentença, e desde que respeitada essa Convenção, exercendo, assim, os mesmos poderes acima conferidos aos 2/3 de condôminos, que deverão acatar a decisão havida. O condômino, de *per si*, deverá sempre se sujeitar às decisões assembleares, consoante acima referido, no que tange à renovação do supracitado contrato ou de sua rescisão e celebração de nova contratação de outra operadora e locatária, uma vez que o objeto contratual será sempre a administração condominial e a locação conjunta de todos os apartamentos e bens comuns do edifício, aceitando, assim, o condômino a referida decisão sobre o seu apartamento e bens comuns, desde que, como referido, seja respeitada a presente Convenção. Ressalve-se, nesse sentido, o seu direito de discordância quando em conjunto com 1/4 de condôminos discordantes, como acima estabelecido.

§ 1º. O condômino titular de apartamento, de *per si*, deverá sempre se sujeitar às decisões assembleares, consoante já referido, no que tange à renovação do contrato com a operadora ou de sua rescisão e celebração de nova contratação de outra operadora e locatária, uma vez que o objeto contratual será sempre e indissoluvelmente a administração condominial e a locação conjunta de todos os apartamentos e bens comuns do edifício, aceitando, assim, o condômino a referida decisão sobre o seu apartamento e bens comuns, desde que, como referido, seja respeitada a presente Convenção. Nesse sentido o condômino, ao adquirir o seu apartamento, sob qualquer forma jurídica, estará, em face dessa Convenção, aceitando-a necessariamente, em todos os seus termos e, especialmente, todas as disposições contidas no art. 7º, no *caput* do presente artigo, neste seu § 1º e nos seus demais parágrafos, como cláusulas essenciais não passíveis de alteração, a não ser por unanimidade e desde que se mude, com base na lei, a destinação hoteleira do condomínio. Por essa razão, o simples fato dessa automática aceitação implicará, como aqui disposto, na igualmente automática outorga de poderes irretratáveis e irrevogáveis aos condôminos que, por maioria de 2/3, deliberarem sobre as relações contratuais com a operadora em atuação ou nova e que terão por objeto, *ipso facto*, o apartamento do condômino e a sua participação de 1/96 avos nos bens comuns que guarnecem o edifício e todos apartamentos, inclusive o seu. Ressalve-se uma vez mais, porém, o seu direito de discordância quando integrar o grupo de 1/4 de condôminos discordantes, como acima estabelecido. Além desse direito, fica aqui convencionado que o condômino, de *per si*, em caso de eventual não recebimento de sua renda locatícia imobiliária, em um determinado mês, se devida esta, ou de recebimento a menor, deverá exercer apenas, com relação à locação conjunta de seu apartamento e bens comuns, o direito de cobrar em Juízo da operadora e locatária o que lhe é devido, podendo, inclusive, para tanto, penhorar as receitas mensais que esta auferir com a exploração comercial do edifício, em nível necessário ao recebimento do que estiver cobrando, mas mantendo porém intacta a relação locatícia conjunta e renunciando assim ao direito de rescisão contratual por tal motivo, a não ser que não logre receber judicialmente os seus créditos, por falta daquelas receitas da operadora, quando, então, poderá promover a rescisão judicial de todo o contrato celebrado com a operadora, para fins de substituição imediata desta por outra a ser escolhida em Assembléia Geral Extraordinária de Condôminos, na forma antes prevista. No que tange a qualquer outra questão relativa ao contrato de administração e locação conjunta, o condômino, individualmente, se sujeitará, como se disse, à respectiva decisão assemblear, para o bem da unidade e integridade do sistema de operação do edifício, podendo convocar uma Assembléia Geral Extraordinária de Condôminos, de acordo com as regras desta Convenção, para se discutir, de forma extraordinária, essas eventuais outras questões contratuais que, fundamentadamente, estejam ferindo seus direitos.

§ 2º. O contrato com a operadora, e suas renovações, ou novo contrato em lugar do anterior vencido ou rescindido, nos termos da presente Convenção, serão registrados, para conhecimento de todos, primeiramente, com relação ao contrato inicial, em Cartório de Títulos e Documentos da Comarca de ... (onde se situa o terreno do edifício), até o término da construção do edifício e, posteriormente, o contrato inicial e os demais que se sucederem ao primeiro, no respectivo Ofício do Registro de Imóveis competente, após o registro da Instituição e Especificação do condomínio, para ficar registrada a locação conjunta dos apartamentos e bens comuns constantes do contrato.

§ 3º. O aludido contrato não sofrerá qualquer solução de continuidade em sua vigência, quando da realização da Assembléia Geral de Instalação do Condomínio, porque, nesta Assembléia, se fará necessariamente a mera ratificação formal do mesmo, no que tange à administração condominial, permanecendo em pleno vigor o sistema unificado e conjunto de locação, mercê da anterior, necessária e automática adesão a esse sistema dos proprietários dos apartamentos ou titulares de direito sobre os mesmos, pelo simples fato da existência desta Convenção, ainda que como minuta arquivada no Registro de Imóveis dentre os documentos do art. 32 da Lei 4.591/64. Ademais, a referida locação conjunta abrange e pressupõe a citada administração condominial, pois esta é condição fundamental para o funcionamento daquela, sendo aspectos essenciais, umbilicalmente ligados e interdependentes, para a existência mesmo daquele contrato. A incorporadora do edifício permanecerá no aludido sistema com relação aos apartamentos não alienados.

§ 4º. Fica declarado que a mencionada e primeira operadora, contratada nos termos já antes aqui previstos, é a empresa... (indicar o nome), inscrita no C.N.P.J./M.F. sob o nº ... (indicar), e cuja atuação, com relação ao presente edifício, deve se dar por meio de uma sua filial situada no endereço deste. Assim sendo, nos termos de sua contratação, abrangendo a administração do edifício e o referido sistema conjunto de locação, a referida empresa, como locatária de todos os apartamentos e respectivas áreas e coisas comuns, incluído todo o mobiliário, equipamentos, utensílios, instalações e decoração do edifício e dos apartamentos, fará a exploração comercial hoteleira destes (e de seus bens comuns) e daquelas áreas coletivas aptas à essa exploração, submetendo os apartamentos ao regime de hospedagem, mediante a sua sublocação aos hóspedes, como também as áreas e bens comuns relativas ao salão de eventos, sendo que as áreas e bens destinados à exploração de alimentos e bebidas consistirão do "frigo-bar", das "vending machines" nos corredores dos apartamentos, das áreas para preparo e fornecimento de refeições e no "coffe-shop", inclusive para o fornecimento de café da manhã e serviços de bar.

§ 5º. A operadora e locatária referida no parágrafo anterior, como a proprietária da marca e do nome de fantasia... (indicá-lo), estabeleceu no retrocitado instrumento de sua contratação que a mencionada logomarca integrará o nome de fantasia do edifício, para fins de sua exploração hoteleira e comercial, devendo, para tanto, denominar-se **HOTEL** "... (indicar)". Cessada a administração e a relação conjunta de locação com aquela empresa, e não havendo a sua renovação, aquela marca e nome de fantasia, bem como os respectivos logotipos e desenhos, deverão ser retirados, em 90 (noventa) dias e às expensas do Condomínio, do edifício e de todo e qualquer bem, equipamento, formulário ou papel do mesmo.

§ 6º. A operadora, na realização da administração condominial do edifício, conforme os termos previstos no respectivo contrato, exercerá, por necessária delegação do Síndico, aqui já estabelecida, as funções administrativas que cabem a este por força da presente Convenção e do disposto no § 2º. do art. 1.348 do Código Civil Brasileiro, ressalvada a responsabilidade do Síndico por suas funções de representação do Condomínio e de fiscalização, assessorada pelo Conselho Consultivo e Fiscal do edifício, do trabalho da operadora.

§ 7º. Fica aqui estabelecido, também como cláusula fundamental desta Convenção, que a filosofia, princípios e tipo de contrato celebrado com a primeira operadora deverão sempre nortear a sua eventual renovação ou a contratação de outra operadora, não se podendo abdicar da sistemática desse contrato, sua natureza e estrutura, mas apenas se decidir sobre percentuais, valores de aluguel, etc., e, pois, sobre questões variáveis, não se podendo alterar a natureza do contrato e os fins a que se destina, na medida em que é condição básica, para a realização do retorno do investimento feito pelos condôminos na aquisição de seus apartamentos e ganhos subseqüentes, que estes tenham uma renda mensal locatícia decorrente da sua integração conjunta na locação de seus apartamentos e bens que o guarnecem, e das áreas e bens comuns do edifício.

§ 8º. Em razão de todo o até aqui e antes disposto e não obstante o estabelecido no § 2º desta cláusula oitava, integra o presente instrumento, em anexo, uma cópia autenticada do contrato celebrado com a primeira operadora, como se as suas cláusulas e condições estivessem aqui transcritas, a fim de que se possa ter pleno conhecimento de seu inteiro teor e serem aplicáveis as disposições acima convencionadas, sem que haja qualquer alegação de desconhecimento sobre a natureza e teor de aludido contrato. Portanto, as cláusulas do citado contrato passam a integrar essa Convenção, para os efeitos legais.

CAPÍTULO IV - DOS DIREITOS DOS CONDÔMINOS

Art. 9º. São direitos dos condôminos:

a) exercer a propriedade, ou a titularidade de direitos, sobre o seu apartamento, mas sempre respeitada a sua destinação hoteleira e as demais disposições desta Convenção Condominial e, em especial, o vínculo locatício que prende o seu apartamento (e bens comuns que o guarnecem) à operadora, dentro do já referido sistema conjunto de locação;

b) hospedar-se em qualquer apartamento do edifício, ou no seu próprio se estiver disponível, mediante reserva prévia com 60 (sessenta) dias de antecedência e dentro da disponibilidade de reserva para o período pretendido; nessa hipótese o condômino receberá um desconto de 20% (vinte por cento) sobre o valor das diárias de hospedagem (preço de balcão) que, durante o período de sua estadia, estiver sendo praticado pela operadora, podendo o pagamento ser faturado para 15 (quinze) dias de seu "check out"; esse direito de hospedagem poderá ser exercido pelo condômino em períodos contínuos ou alternados, dentro do limite máximo anual de 30 (trinta) dias;

c) ressalvado sempre o disposto nos arts. 7º e 8º, transferir a terceiros a propriedade e demais direitos sobre seu apartamento, de forma onerosa ou gratuita, independentemente da anuência dos demais condôminos, devendo, todavia, e de imediato, comunicar tal fato à operadora, através do Síndico, e dar ciência ao novo titular de todo o teor deste instrumento jurídico, não obstante estar arquivada e registrada essa

Convenção no Ofício do Registro de Imóveis competente e, portanto, prevalecerem as disposições contidas nos referidos arts. 7º e 8º no que tange à imediata e automática aceitação do adquirente do apartamento, sob qualquer título jurídico, ao inteiro teor da presente e, em conseqüência, ao contrato de administração e de locação conjunta a que está vinculado o apartamento adquirido;

d) examinar a qualquer tempo, através de prévia solicitação feita ao Síndico, os livros e os arquivos da administração do edifício e da contabilidade da operadora (em sua filial sita no edifício) e pedir, quando for o caso, também através do Síndico, os esclarecimentos que julgar necessários à operadora;

e) comparecer às Assembléias Gerais de Condôminos e nelas discutir e votar os assuntos da Ordem do Dia, bem como eleger condôminos para cargos e funções no Condomínio, ou ser eleitos para os mesmos, mas sempre com a ressalva de que esses direitos em aludidas Assembléias só poderão ser exercidos se o condômino estiver em dia com as suas obrigações perante o Condomínio e contratuais perante a operadora;

f) denunciar à operadora, através do Síndico, qualquer irregularidade que observar;

g) propor à operadora, para aperfeiçoar o sistema de administração do edifício, a adoção de toda e qualquer providência que lhe pareça adequada, apresentando sugestões e formulando queixas e reclamações, sempre o fazendo através do Síndico;

h) receber, como contratante e locador, o aluguel fixo e variável do seu apartamento e das respectivas áreas e coisas comuns, na proporção de 1/96 avos por apartamento; e,

i) exercer todos os direitos estabelecidos na presente Convenção e na legislação de regência, e, em especial, os direitos conferidos nos arts. 7º e 8º deste instrumento.

CAPÍTULO V - DOS DEVERES DOS CONDÔMINOS

Art. 10. São deveres dos condôminos:

a) não usar e nem permitir que seja usado o seu apartamento, e respectivas áreas e coisas comuns, para fins diversos daqueles a que se destinam, nos termos desta Convenção;

b) destinar necessariamente o seu apartamento e respectivas áreas e coisas comuns como objeto do sistema especializado de administração e o conjunto de locação, de que trata o Capítulo III do presente instrumento, integrando necessariamente o contrato, que estiver vigorando, ainda que por prazo indeterminado, celebrado com a operadora;

c) não alterar, sob qualquer pretexto, a decoração padronizada de seu apartamento, uma vez que a mesma integra um sistema de bens, utensílios e equipamentos comuns, adquiridos por todos os condôminos, na proporção de 1/96 avos por apartamento, consoante referido no Parágrafo único do art. 5º da presente Convenção, sendo que qualquer alteração somente se dará por decisão assemblear dos condôminos e será igual e padronizada para todos os apartamentos;

d) contribuir com a sua quota-parte para custeio das obras determinadas nas Assembléias Gerais de Condôminos, na data e forma decididas, de acordo com proporção ideal a seguir referida, pagando, ainda, as multas e quaisquer outros valores devidos ao Condomínio;

e) contribuir com sua quota-parte para o custeio das despesas comuns condominiais, ordinárias ou extraordinárias, na proporção de 1/96 avos por apartamento, na forma constante desta Convenção;

f) comunicar à operadora, através do Síndico, a efetivação da venda ou de qualquer outra forma jurídica de transferência da propriedade ou titularidade de diretos sobre o seu apartamento para terceiros, anexando, para tanto, cópia autenticada do respectivo documento, sendo certo que a transferência, sob qualquer título jurídico, da propriedade ou direitos sobre o apartamento, implicará, necessariamente, na transferência de 1/96 avos sobre as respectivas áreas e bens comuns, bem como na transferência de todos os bens e equipamentos que guarnecem o apartamento e que nele deverão permanecer por serem comuns;

g) respeitar, e fazer respeitar, por si, herdeiros ou sucessores, não só a presente Convenção de Condomínio, como o contrato celebrado com a operadora do condomínio.

CAPÍTULO VI - DAS ASSEMBLÉIAS GERAIS

Art. 11. A Assembléia Geral é o órgão máximo e soberano do Condomínio, reunindo os proprietários e os titulares de direitos aquisitivos dos apartamentos, aqui denominados condôminos, devendo ser convocada na forma e pelos trâmites competentes e realizada, ordinária ou extraordinariamente, com *quorum* mínimo obrigatório. Nessas Assembléias, os condôminos devem discutir e, no final, deliberar, a respeito dos assuntos a ela levados, tendo tais decisões, no âmbito do Condomínio, força de lei, desde que respeitadas esta Convenção e a legislação aplicável.

Art. 12. A Assembléia Geral Ordinária realizar-se-á, anual e obrigatoriamente, até o final do primeiro trimestre de cada ano, quando, então, os condôminos se reunirão para deliberarem sobre os assuntos constantes da respectiva Ordem do Dia, em local e hora nesta designados, sendo que nessas Assembléias deverão ser necessariamente discutidos e votados os seguintes assuntos:

a) aprovação do Relatório e Demonstrativo das Contas da operadora, relativos à sua administração condominial e hoteleira do edifício e à exploração comercial e de hospedagem dos apartamentos e das respectivas áreas e coisas comuns, referentes ao ano findo, devendo tais documentos serem apresentados pelo Síndico, com a colaboração da operadora, juntamente com parecer do Conselho Consultivo e Fiscal;

b) aprovação do Orçamento das receitas e despesas condominiais do edifício e da operação comercial e de hospedagem dos apartamentos e das respectivas áreas e coisas comuns, para o ano em curso, elaborado pela operadora, a ser apresentado pelo Síndico, com a colaboração daquela, juntamente com parecer do Conselho Consultivo e Fiscal;

c) aprovação do Plano de Ação Administrativa e do Programa de Reposição de Bens e Equipamentos comuns, para o ano em curso, elaborado pela operadora e a ser apresentado pelo Síndico, com a colaboração daquela, juntamente com o parecer do Conselho Consultivo e Fiscal;

d) eleição, à cada dois anos, do Síndico, Sub-síndico e membros efetivos e suplentes do Conselho Consultivo e Fiscal; e,

e) demais matérias constantes da Ordem do Dia.

Parágrafo único. Até o dia 30 de novembro de cada ano, a operadora entregará ao Síndico, para análise do Conselho Consultivo e Fiscal, os documentos referidos nas letras *b* e *c* acima, sendo que se houver parecer favorável do Conselho, no que tange ao orçamento referido na letra *b*, prevalecerá este até a aprovação na Assembléia Geral Ordinária de Condôminos. Caso contrário, prevalecerá até a aprovação em Assembléia o orçamento do ano anterior, com a possibilidade de reajuste de até 20% (vinte por cento) do seu valor, afim de que o Condomínio e a exploração hoteleira não fiquem sem orçamento, fato que persistirá até a ocorrência da aprovação do Orçamento, ainda que com modificação.

Art. 13. A Assembléia Geral Extraordinária realizar-sè-á sempre que se julgar necessário e a ela compete:

a) deliberar sobre matéria de interesse geral dos condôminos;

b) decidir, em grau de recurso, os assuntos que tenham sido deliberados pelo Síndico e levados à Assembléia a pedido de condôminos interessados;

c) apreciar as demais matérias constantes da Ordem do Dia;

d) examinar os assuntos que lhe seja proposto por qualquer condômino, inclusive por aquele que tiver solicitado a sua convocação, consoante previsto no final do § 1º do art. 8º da presente;

e) decidir sobre a destituição e substituição do Síndico, Sub-síndico e membros do Conselho Consultivo e Fiscal, hipótese em que o Síndico deverá prestar contas de sua gestão, no prazo máximo de 10 (dez) dias contados da data em que se realizar a Assembléia que o destituir;

f) decidir, findo o prazo contratual, sobre a renovação do contrato com a operadora, de acordo com as regras dele constantes, bem como sobre eventual rescisão desse contrato por motivos legais e contratuais justificados e, ainda, sob a eventual contratação de nova operadora e constituição com esta de novo sistema conjunto de locação de todos os apartamentos e das respectivas áreas e coisas comuns;

Art. 14. Consideram-se aprovadas as matérias constantes da Ordem do Dia das Assembléias Gerais Ordinárias ou Extraordinárias que obtiverem a metade mais um dos votos válidos dos condôminos presentes à Assembléia, exceção feita àquelas decisões especiais e para as quais a lei ou a presente Convenção exigirem *quorum* qualificado para sua aprovação.

Art. 15. Sob pena de nulidade absoluta da decisão, será exigida maioria qualificada, ou seja, a expressa aprovação por um número de condôminos que representem 2/3 (dois terços) dos proprietários ou titulares de direitos aquisitivos de unidades autônomas, com direito a voto e presentes à Assembléia, ou representados por procurador com mandato escrito, firma reconhecida do outorgante e poderes específicos, para decidir sobre as seguintes matérias, além daquela referida na letra *f* do art. 13 da presente:

a) realização de benfeitorias meramente voluptuárias e substituição dos materiais utilizados na construção do edifício, quando não integrantes do Plano de Reposição aprovado em Assembléia Geral de Condôminos, consoante referido na letra *c* do art. 12 da presente;

b) substituição ou alteração, com exceção dos casos de urgente necessidade, de qualquer elemento de decoração e equipagem do edifício, inclusive pintura, mobiliário, utensílios, equipamentos e bens de qualquer natureza, que guarneçam as áreas comuns ou os apartamentos, uma vez que estes devem obedecer a uma decoração padrão para todos, conforme previsto nesta Convenção, mas sempre quando não integrantes, naquela substituição ou alteração do Plano de Reposição aprovado em Assembléia Geral Ordinária de Condôminos, consoante referido na letra *c* do art. 12 da presente;

c) deliberação sobre a não re-edificação do edifício, em caso de incêndio ou outro sinistro que importe na sua destruição total; e,

d) quaisquer alterações da presente Convenção que, por esta, não seja exigida unanimidade de votos, ou que não importem em modificação do direito de propriedade ou do destino hoteleiro dado ao edifício e, portanto, aos apartamentos e respectivas áreas comuns que o compõem, conforme os termos da presente Convenção, e, em especial, que não importem na modificação do sistema de administração operacional do edifício conjugado ao do sistema conjunto de locação dos apartamentos e respectivas áreas e coisas comuns, tendo a operadora como locatária desses bens, uma vez que tal sistema garante a unidade do processo de funcionamento do edifício e da realização do fim para os quais foi incorporado e construído, qual seja o de proporcionar uma renda imobiliária locatícia mensal para os condôminos que investiram na aquisição de seus apartamentos e respectivos bens comuns;

Parágrafo único. Sob pena de nulidade absoluta da decisão, será exigida a unanimidade, ou seja, a expressa aprovação de todos os proprietários ou titulares de direitos aquisitivos dos apartamentos, mesmo daqueles que estejam em débito condominial ou em inadimplemento contratual com a operadora, para decidir sobre as matérias de alteração desta Convenção referidas na letra *d* do artigo anterior como não passíveis de decisão pelo *quorum* de 2/3 ali mencionado, e para as demais matérias que esta Convenção exija essa unanimidade, inclusive sobre a alteração da exigência de que a operadora do edifício seja empresa especializada em hotelaria, consoante previsto neste instrumento. Fica claro, além disso, que a eventual e unânime decisão de alteração do destino hoteleiro do edifício só poderá se dar se a legislação municipal de regência o autorizar, uma vez que o projeto para a construção do edifício foi aprovado para esse fim.

Art. 16. As Assembléias Gerais Ordinárias e Extraordinárias serão realizadas no próprio edifício ou, na impossibilidade, em outro local que for previamente determinado pelo Edital de Convocação e serão convocadas pelo Síndico, por seu substituto eventual ou por condôminos que representem, no mínimo, 1/4 (um quarto) dos apartamentos que compõem o edifício, mediante a expedição de Cartas de Convocação endereçadas aos condôminos ou, conjuntamente, se autorizado por Assembléia, também mediante a fixação do respectivo Edital de Convocação na portaria do edifício, sendo que, nesta última hipótese, necessário se torna, também, que seja feita uma publicação do respectivo Edital em um jornal de grande circulação na região de localização do edifício. A convocação para as Assembléias, seja ela por Cartas de Convocação ou, conjuntamente, por publicação de Edital em jornal, deverá ser feita com, no mínimo, 8 (oito) dias de antecedência da data marcada para a realização das mesmas. Ressalte-se que a remessa das referidas Cartas de Convocação poderão ser confirmadas por correio eletrônico ("e-mail"), fax ou telegrama ao condômino.

Art. 17. No caso de haver sido apresentado ao Síndico, ou a seu substituto legal, um requerimento firmado por, no mínimo, condôminos que sejam titulares de 1/4 (um quarto) dos apartamentos do edifício, solicitando a convocação de uma Assembléia Geral Extraordinária, deverá a mesma ser convocada, sob as penas da lei e desta Convenção, pela pessoa destinatária, no prazo de até 10 (dez) dias e ser realizada, no prazo máximo de 30 (trinta) dias, contados da recepção do seu requerimento. Não havendo a convocação para a Assembléia, pelo Síndico ou seu substituto legal, nos prazos antes mencionados, o Presidente do Conselho Consultivo e Fiscal o fará e, não o fazendo, caberá aos próprios requerentes efetivarem diretamente a convocação e realizarem a Assembléia, deliberando, nesta, se couber e houver *quorum*, as penalidades a serem aplicadas àqueles que não a convocaram. O aqui disposto se aplicará, também, na hipótese de solicitação de convocação por apenas um condômino, consoante previsto no final do § 1º do art. 8º desta Convenção.

Art. 18. As convocações indicarão o resumo da Ordem do Dia, a data, local e hora, da primeira e da segunda convocação, devendo ser assinadas por quem as elaborou. As convocações para as Assembléias Gerais Ordinárias deverão ser acompanhadas de cópias do Relatório e do Demonstrativo das contas da operadora, bem como da proposta do Orçamento e do Plano de Ação Administrativa e do Programa de Reposição de Bens e Equipamentos comuns, relativamente aos respectivos exercícios.

Art. 19. As Assembléias Gerais Extraordinárias poderão ser, excepcionalmente, convocadas para serem realizadas com prazo inferior ao estipulado no art. 16, *in fine*, quando houver comprovada urgência, hipótese em que a Carta e/ou o Edital de Convocação deverá declarar os motivos determinantes da urgência requerida.

Art. 20. É lícito, na mesma Carta e/ou Edital de Convocação, fixar- se, de uma só vez, os horários em que as Assembléias Gerais Ordinárias ou Extraordinárias serão realizadas, em primeira convocação, com a presença, a título de *quorum* mínimo para sua realização, de condôminos que sejam titulares de 2/3 (dois terços) dos apartamentos do edifício e, em segunda convocação, com qualquer número de presentes, mediando entre ambas o período de 0:30 (trinta) minutos, no mínimo. Respeitar-se-á, em qualquer hipótese, para a validade da decisão assemblear, o respectivo *quorum* estipulado por lei e por esta Convenção, sendo que a apuração desse *quorum* será feita sempre entre os condôminos presentes à Assembléia, por si ou por procuradores, com exceção do *quorum* da unanimidade dos condôminos que implicará sempre na presença de todos estes à Assembléia. Antes do início das Assembléias, seja em primeira ou segunda convocação, os condôminos presentes, ou seus procuradores, deverão assinar o respectivo Livro de Presença.

Art. 21. É defeso ao Síndico e ao Sub-síndico presidir ou secretariar os trabalhos da Assembléia, bem como exercer a representação de condôminos na mesma.

Art. 22. Se um apartamento pertencer a vários proprietários, estes nomearão, entre si, mediante procuração com poderes bastante e específicos, o condômino que os representará na Assembléia, devendo tal procuração conter a firma reconhecida de seus outorgantes e ser entregue ao Síndico antes do início da Assembléia.

Art. 23. É lícito ao condômino fazer-se representar nas Assembléias Gerais, por procurador com poderes especiais, condômino ou não, que deverá estar munido de procuração assinada e com firma reconhecida, a ser entregue ao Síndico antes do início da Assembléia.

Art. 24. Não poderão votar nas Assembléias os condôminos inadimplentes com a operadora, ou que estiverem em atraso no pagamento de suas contribuições ou multas que lhes tenham sido impostas, salvo quando se tratar de uma Assembléia em que a matéria em exame ou discussão tenha que ser apreciada e aprovada pela unanimidade dos condôminos.

Art. 25. Uma vez que o edifício abrangido pela presente Convenção compreende 96 (noventa e seis) unidades autônomas

74

hoteleiras, cada qual possuindo a mesma metragem e decoração, à cada apartamento corresponderá, nas Assembléias Condominiais, um voto, ou seja, 1/96 avos do todo. Em caso de empate na votação de qualquer matéria, caberá ao Presidente da Assembléia o direito de proferir o voto de desempate.

Art. 26. As Atas das Assembléias Gerais serão lavradas em livro próprio e deverão ser assinadas pelo Presidente, pelo Secretário e por condôminos que desejam fazer constar declarações de voto, quando dissidente, lavrando-se a Ata ao término da Assembléia para a coleta dessas assinaturas.

Art. 27. As deliberações das Assembléias Gerais deverão ser respeitadas por todos os condôminos, independentemente de seu comparecimento ou de seu voto, cabendo ao Síndico executá-las e fazê-las cumprir.

Art. 28. O Síndico deverá encaminhar aos condôminos, no prazo máximo de 8 (oito) dias subseqüentes à Assembléia, uma cópia da respectiva Ata, a fim de que todos tomem conhecimento das deliberações tomadas na Assembléia.

CAPÍTULO VII - DO SÍNDICO

Art. 29. As funções de representação do Condomínio e de fiscalização da administração e operação condominial e hoteleira do edifício, em nome de todos os condôminos, caberá a um Síndico eleito em Assembléia Geral pelo prazo de 2 (dois) anos, podendo ser reeleito. O Síndico não será responsável, pessoalmente, pelas obrigações contraídas em nome e por conta do Condomínio, desde que tenha havido boa-fé e que tais obrigações tenham sido decorrentes exclusivamente do exercício regular das atribuições da operação condominial e hoteleira do edifício. Responderá, porém, pelo excesso de representação e pelos prejuízos a que der causa por dolo ou omissão. Em idêntica posição jurídica ficará circunscrita a responsabilidade da empresa hoteleira encarregada da operação condominial e hoteleira do edifício, esta como locatária dos apartamentos e bens comuns.

Art. 30. Tendo-se em vista as características especiais do edifício, que funcionará com destinação hoteleira, o Síndico, em nome do Condomínio, deverá, necessariamente, delegar as suas funções administrativas à empresa hoteleira que for contratada, conforme dispõe o § 6º do art. 8º desta Convenção, para realizar a operação condominial e hoteleira do edifício, obedecendo as normas legais aplicáveis e mantida, porém, a sua responsabilidade, como Síndico, no exercício, principalmente, da representação do Condomínio, bem como dos condôminos junto à referida operadora, e no exercício da fiscalização dos atos desta última.

Art. 31. Ao Síndico, nos termos do artigo anterior, compete:

a) delegar necessariamente à operadora do edifício as suas funções administrativas, conforme previsto nesta Convenção;

b) representar o Condomínio, em Juízo ou fora dele, ativa ou passivamente, em tudo a que se referir aos assuntos de interesse do Condomínio, nomeando advogados, se e quando necessário; ressalve-se, porém, nessa representação, os atos administrativos que forem delegados à operadora e que, em razão disso, exercerá tal representação para esses atos;

c) representar os condôminos junto à operadora, conforme previsto nesta Convenção;

d) exercer a fiscalização dos atos da operação condominial e hoteleira do edifício;

e) cumprir e fazer cumprir a lei, a presente Convenção, as normas administrativas emanadas da operadora, conforme o respectivo contrato com esta celebrado, e as deliberações das Assembléias de Condôminos;

f) ordenar à operadora, quando houver omissão desta, que faça os reparos urgentes ou que faça a aquisição do que seja necessário à segurança ou à conservação do edifício, dentro dos limites fixados pela Assembléia Geral;

g) fiscalizar a execução fiel, pela operadora, das disposições orçamentárias decididas pela Assembléia Geral de Condôminos;

h) convocar as Assembléias Gerais Ordinárias, nas épocas próprias, e as extraordinárias quando julgar conveniente ou na forma prevista nesta Convenção;

i) prestar aos condôminos, a qualquer tempo, as informações sobre os atos de sua gestão, inclusive sobre os atos administrativos da operadora;

j) prestar contas de sua gestão à Assembléia, acompanhada da documentação respectiva, e praticar, para tanto, os atos que lhe competem e que estão previstos na presente Convenção;

k) comunicar ao Conselho Consultivo e Fiscal e à operadora toda e qualquer citação ou intimação judicial, ou não, que receber;

l) procurar, por meios suasórios, dirimir divergências entre os condôminos;

m) diligenciar para que a operadora mantenha guardados todos os papéis, os livros e os documentos pertencentes ao Condomínio, que estiverem em seu poder ou sob sua guarda, a fim de dar conhecimento dos mesmos ao seu sucessor no encerramento de sua gestão;

n) resolver os casos omissos e, se necessário, promover a institucionalização da solução individual dada a esses casos, através do competente *referendum*, em uma das Assembléias Gerais a seguir convocadas; e,

o) autorizar, quando necessário, num determinado mês, a cobrança de acréscimo extraordinário de até 20% (vinte por cento) do valor, já corrigido, da respectiva taxa mensal de condomínio, independentemente de autorização do Conselho Consultivo e Fiscal, bem como solicitar autorização deste Conselho, a pedido da operadora, para que esta possa efetuar o acréscimo previsto nesta Convenção.

Art. 32. O cargo de Síndico poderá ser remunerado, conforme valor a ser definido em Assembléia de Condôminos, não sendo remunerado o cargo de Sub-síndico.

Art. 33. Juntamente com o Síndico será eleito, pela Assembléia, um Sub-síndico, que substituirá o Síndico em suas faltas ou impedimentos.

Art. 34. Em caso de morte, de renúncia, de destituição ou de impedimento do Síndico, o Sub-síndico assumirá, automaticamente o seu cargo, exercendo-o até a eleição do novo Síndico, o que deverá ser feito na primeira Assembléia Geral Extraordinária a ser realizada.

Art. 35. Ocorrendo com o Sub-síndico, no exercício definitivo das funções de síndico, as mesmas hipóteses de substituição do Síndico, assumirá o cargo de Síndico o Presidente do Conselho Consultivo e Fiscal, o qual deverá, obrigatoriamente, convocar uma Assembléia Geral Extraordinária a ser realizada no prazo máximo de 30 (trinta) dias a contar da data da vacância do cargo, com o fim de serem eleitos, pelos condôminos, o Síndico e o Sub-síndico para completar o mandato em curso.

CAPÍTULO VIII - DO CONSELHO CONSULTIVO E FISCAL

Art. 36. A Assembléia Geral Ordinária elegerá 3 (três) membros efetivos e 3 (três) membros suplentes do Conselho Consultivo e Fiscal, pelo prazo de 2 (dois) anos, devendo ser todos condôminos, os quais exercerão, gratuitamente, as suas funções, cabendo aos suplentes substituírem, automaticamente, os membros efetivos nas suas faltas ou impedimentos.

Art. 37. Compete ao Conselho Consultivo e Fiscal:

a) fiscalizar as contas e as atividades do Síndico e da operadora e tomar as providências necessárias caso encontre irregularidades comprovadas, comunicando-as aos condôminos, por carta registrada ou protocolada;

b) dar parecer a respeito dos documentos a serem apresentados pela operadora, consoante previsto nas letras *a*, *b* e *c* do art. 12 desta Convenção;

c) assessorar o Síndico e a operadora na identificação de sugestões para os problemas do Condomínio;

d) dirimir dúvidas que, porventura, venham a existir entre o Síndico, a operadora e os condôminos;

e) dar parecer em matéria relativa às despesas extraordinárias;

f) dar solução aos casos que o Síndico ou a operadora, em caráter de urgência, venham a submeter à sua apreciação;

g) assumir, através de seu Presidente, as funções do Síndico e, no caso de renúncia, de destituição ou de qualquer outro impedimento do Sub-síndico, quando este estiver substituindo o Síndico;

h) julgar, em grau de recurso e a pedido de condômino interessado, a procedência das multas ou de quaisquer outras penalidades a ele impostas pelo Síndico ou pela operadora.

Art. 38. Na Assembléia Geral os membros do Conselho Consultivo e Fiscal já serão eleitos em chapa que conste os nomes dos candidatos para ocuparem os cargos de Presidente, Vice-Presidente e de Secretário, todos com os seus respectivos suplentes.

Art. 39. Às reuniões ordinárias, sempre quadrimestrais do Conselho Consultivo e Fiscal, deverão comparecer os seus três membros, cada qual com direito a um voto. As deliberações tomadas nessas reuniões deverão ser transcritas em livro próprio, tomadas por maioria simples de votos em aberto, lavrando-se, assim, a respectiva Ata que deverá ser assinada pelos presentes.

Parágrafo único. Sempre que necessário, o Presidente do Conselho, o Síndico ou a operadora poderão convocar reuniões do Conselho, com antecedência mínima de 5 (cinco) dias, devendo constar da convocação a ser remetida através de carta protocolada aos seus membros, o dia, local, hora e a Ordem do Dia a ser objeto de deliberação.

Art. 40. O Presidente do Conselho Consultivo e Fiscal, no prazo de 5 (cinco) dias a contar da data da sessão, enviará ao Síndico e à operadora, correspondência dando-lhes conhecimento das decisões nela tomadas e encaminhando-lhes uma cópia autenticada da respectiva Ata.

Art. 41. O não comparecimento, sem causa justificada ou licença concedida, a 6 (seis) reuniões alternadas ou consecutivas do Conselho, implicará no automático afastamento do Conselheiro, sendo este substituído por seu suplente.

CAPÍTULO IX - DO ORÇAMENTO DO CONDOMÍNIO

Art. 42. Constituem despesas condominiais do edifício:

a) as relativas ao pessoal empregado no Condomínio, incluindo-se os salários, encargos previdenciários, fiscais e trabalhistas;

b) as relativas à vigilância, conservação, limpeza, manutenção, reparação, substituição e à reconstrução das partes e das coisas comuns, incluídas as referentes aos apartamentos, uma vez que estes integram o já referido sistema conjunto de locação e todas as decisões sobre a sua operação, serviços e obras a respeito dos mesmos e das coisas comuns que os guarnecem, deverão ser tomadas coletivamente e por força de decisão assemblear, a ser acatada por todos os condôminos, ou sucessores, uma vez que aqueles adquiriram os seus apartamentos e respectivas partes e coisas comuns com o objetivo precípuo e único, já nesta antes enfatizado, de obterem, junto à operadora e locatária, uma renda mensal locatícia decorrente da exploração unificada e de natureza hoteleira do edifício e, pois, desses apartamentos e respectivos bens comuns;

c) as relativas ao pagamento de tributos, de seguros, de fornecimento de água, de luz, de esgoto, de telefone, de fax, de telex e de outros serviços públicos;

d) os prêmios de seguro contra acidentes do trabalho e contra danos a terceiros, realizados pela operadora, em nome e por conta do Condomínio, em decorrência do contrato com esta celebrado e de decisão assemblear dos condôminos;

e) as relativas à manutenção necessária ao funcionamento de todos os serviços do Condomínio;

f) as relativas às taxas ou despesas feitas com qualquer procedimento que vise a defesa dos interesses do Condomínio, em Juízo ou fora dele, incluindo-se os honorários advocatícios;

g) o fundo de reserva do Condomínio;

h) os honorários do Síndico, se aprovados em Assembléia de Condôminos; e,

i) outras despesas, mesmo que aqui não estejam especificadas, mas que sejam necessárias ao funcionamento normal do Condomínio e à operação e exploração hoteleira do sistema conjunto de locação dos apartamentos e das respectivas áreas e bens comuns, inclusive as despesas que estejam detalhadas, exemplificativamente, no contrato celebrado com a operadora e que ali são referidas como despesas condominiais.

Art. 43. Compete à Assembléia Geral fixar o orçamento das despesas comuns do Condomínio, cabendo à cada condômino, na proporção ideal de 1/96 avos por apartamento, pagar até o dia 5 (cinco) de cada mês a taxa condominial que lhe couber para atender as despesas programadas para o mês em curso.

Parágrafo único. A proporção acima de 1/96 avos por apartamento representa um critério permanente de rateio das despesas condominiais ou de toda e qualquer despesa ou investimento que, coletivamente, caibam aos condôminos, uma vez que todos os apartamentos do edifício totalizam 96 (noventa e seis) unidades autônomas e possuem a mesma metragem e decoração.

Art. 44. Serão da mesma forma rateadas entre os condôminos as despesas extraordinárias, que deverão ser pagas 15 (quinze) dias após a data de realização da Assembléia Geral que as autorizou, salvo se nela for estabelecido prazo diferente.

Art. 45. O saldo credor remanescente, em dinheiro, em valores ou em títulos de qualquer natureza, será aplicado, automaticamente, no custeio do orçamento do exercício seguinte, salvo se outro destino lhe for dado pela Assembléia Geral.

Art. 46. O saldo devedor ("deficit"), verificado a qualquer tempo, será rateado entre os condôminos e arrecadado dentro do prazo de até 15 (quinze) dias, na proporção ideal acima estabelecida.

CAPÍTULO X - DO SEGURO
DO EDIFÍCIO E DE SEUS BENS COMUNS

Art. 47. Tão logo seja implantado o condomínio de utilização, a se dar a partir da respectiva Assembléia de sua Instalação, referida no art. 56 da presente, o edifício, incluídos os apartamentos e todos os seus bens comuns, deverão ser obrigatoriamente segurados, com recursos dos condôminos, contra incêndio ou qualquer outro meio que possa destruí-los, no todo ou em parte, pelo respectivo e efetivo valor necessário à sua reconstrução e reposição de bens, discriminando-se na apólice o valor de cada um dos apartamentos.

Art. 48. Ocorrido o sinistro total ou que destrua mais que 2/3 (dois terços) do edifício, a Assembléia Geral, pela maioria de votos que representem metade mais um das frações ideais dos apartamentos, poderá deliberar que o edifício não seja reconstruído, caso em que autorizará a venda do terreno, partilhando-se o seu preço, e o valor do seguro, entre todos os condôminos.

Art. 49. Ocorrido o sinistro parcial que destrua menos que 2/3 (dois terços) do edifício, proceder-se-á, após o recolhimento do respectivo seguro, à reparação ou reconstrução das partes destruídas e a reposição dos bens.

Art. 50. A operadora, com os recursos dos condôminos, providenciará a contratação, em nome do Condomínio, dos demais e eventuais seguros necessários à proteção do patrimônio dos condôminos, integrante do edifício, bem como em face de riscos de responsabilidade civil ou trabalhista por acidentes causados durante o funcionamento e a operação condominial e hoteleira do edifício.

CAPÍTULO XI - DO FUNDO DE RESERVA PATRIMONIAL E CONDOMINIAL/OPERACIONAL

Art. 51. Juntamente com as quotas ordinárias ou extraordinárias de rateio das despesas condominiais, serão rateadas, também, entre os condôminos, as importâncias correspondentes aos percentuais abaixo referidos, para a Constituição de um Fundo de Reserva Patrimonial, cuja utilização será norteada, em cada ano, por decisão da Assembléia Geral Ordinária de Condomínio, salvo os casos excepcionais e emergenciais de utilização, autorizados pelo Conselho Consultivo e Fiscal ou por decisão de Assembléia Geral Extraordinária, se for o caso desta. Esse fundo, além de cobrir despesas extraordinárias, cobrirá as reformas e substituições relativas às partes construtivas do edifício e aos seus bens e coisas comuns, incluídos os apartamentos e os bens que os guarnecem, de sorte que à cada período de ... (indicar) anos o edifício, apartamentos e bens comuns estejam em condições semelhantes ao de sua abertura. Os valores, que ficarão depositados em conta corrente bancária do Condomínio, para utilização pela operadora na forma autorizada em Assembléia, corresponderão aos seguintes percentuais sobre o lucro bruto operacional mensal havido nas contas da operadora (sua filial no edifício) em cada mês de operação do sistema conjunto de locação dos apartamentos e exploração dos bens comuns, de maneira que tais valores, assim calculados, serão deduzidos dos montantes a serem pagos aos condôminos a título de aluguel mensal e depositados na forma acima referida, repetindo-se tal sistemática à cada período de ... (indicar) anos:

- 1º ao 3º ano de operação: ...%
- 4º ao 6º ano de operação: ...%;
- (e assim por diante)

Art. 52. Além do fundo acima referido, haverá, também, um Fundo de Reserva Condominial/Operacional, vinculado ao Condomínio, inicialmente constituído na forma prevista no Contrato de Administração Condominial e de Relação Conjunta de Locação, celebrado com a empresa especializada em hotelaria, conforme referido no § 8º do art. 8º da presente. Dito fundo dará suporte à operação condominial do edifício, servindo de lastro para socorrer às despesas condominiais ordinárias e ao qual, portanto, poderá se socorrer a administradora do condomínio e locatária dos apartamentos integrantes da relação conjunta de locação, como está previsto no supracitado contrato com esta celebrado, arcando a administradora com o pagamento dos juros de mercado para a devolução ao fundo dos eventuais montantes que dele sacar. Caberá aos condôminos, em Assembléia, estabelecer, anualmente, os aportes, na proporção de 1/96 avos por apartamento, para a manutenção de citado fundo, cabendo-lhes decidir a respeito do nível anual do montante do mesmo.

Art. 53. Os recursos arrecadados para os citados fundos de reserva deverão ser depositados em conta bancária especial, aberta em nome do Condomínio, gerenciada pela operadora, e que fará as melhores e normais aplicações financeiras desse fundo, de acordo com as regras legais e de mercado vigentes.

CAPÍTULO XII - DAS PENALIDADES

Art. 53. O condômino que não pagar a sua contribuição condominial, ordinária ou extraordinária, nos prazos fixados nesta Convenção, ficará sujeito ao pagamento de juros de mora de 1% (um por cento) ao mês, ou fração deste, e da multa de 2% (dois por cento), incidentes sobre o valor do débito, atualizado monetariamente pelos índices e na menor periodicidade legalmente permitidos, além de responder por custas e despesas processuais e por honorários advocatícios de 10% (dez por cento) sobre o valor da causa, na hipótese de eventual cobrança judicial desse débito.

Art. 54. Além das penas previstas, fica ainda o condômino sujeito ao pagamento de multa correspondente ao valor de 2 (duas) taxas condominiais vigentes, em caso de infração legal ou de qualquer artigo desta Convenção, e que prejudique a operação condominial e hoteleira do edifício. Esta multa será aplicada, em dobro e cumulativamente, em caso de reincidência do condômino infrator, até o limite legal, independentemente das perdas e danos que se apurarem.

Art. 55. Não obstante deva sempre efetuar o pagamento da multa, o condômino poderá recorrer da mesma, sem efeito suspensivo, em primeira instância, ao Conselho Consultivo e Fiscal, e, em segunda instância, à Assembléia Geral de Condôminos.

CAPÍTULO XIII - DAS DISPOSIÇÕES TRANSITÓRIAS

Art. 56. A Incorporadora, nos termos da Lei 4.591/64, tendo obtido o "habite-se" do edifício, convocará os condôminos para participarem da primeira Assembléia Geral Ordinária, a ser realizada em, no máximo, 30 (trinta) dias após a concessão daquele "habite-se", para a instalação do condomínio, eleição do Síndico, Sub-síndico e membros efetivos e suplentes do Conselho Consultivo e Fiscal, bem como para aprovarem o orçamento do condomínio para a sua operação pelos meses que restarem no ano de realização de dita Assembléia. Caso remanesçam menos de 3 (três) meses, esse orçamento abrangerá, também, o ano seguinte. O mandato dos eleitos abrangerá os referidos meses remanescentes e até completar os respectivos 2 (dois) anos de sua vigência.

Art. 57. A operadora elaborará, para ser submetido à aprovação da primeira Assembléia Geral Ordinária de Instalação do Condomínio, um Regimento Interno do edifício, contendo as respectivas normas internas administrativas e operacionais. Este Regimento, como a presente Convenção, deverá ser respeitado por todos os condôminos, herdeiros ou sucessores, bem como por todos os hóspedes ou usuários do edifício, aplicando-se ao eventual descumprimento deste Regimento as mesmas disposições previstas nesta Convenção para qualquer infração de suas normas. Qualquer alteração do Regimento Interno só poderá se dar em Assembléia Geral de Condôminos e com o *quorum* qualificado previsto no art. 15 desta Convenção e desde que tal alteração não comprometa a operação hoteleira do edifício, uma vez que o Regimento deverá ser elaborado com base nos parâmetros operacionais da operadora e apropriados para o edifício de que trata o presente instrumento.

Art. 58. Para todos os fins e efeitos legais e desta Convenção, ficam equiparados a proprietários os titulares de direitos aquisitivos de unidades autônomas, sob qualquer título, mesmo que seu respectivo contrato não esteja registrado no Registro de Imóveis competente, sendo que esses condôminos, juntamente com o incorporador, este com relação às unidades autônomas que permaneceram em sua propriedade, farão, na primeira Assembléia Geral Ordinária de Instalação do Condomínio, referida no art. 56, a mera ratificação formal desta Convenção, uma vez que aderiram plenamente à respectiva minuta arquivada com o registro do Memorial de Incorporação do edifício, consoante expressa manifestação lançada no próprio instrumento de aquisição de sua unidade autônoma.

Art. 59. Fica eleito o Foro da Comarca de ... (situação do edifício), com desistência de qualquer outro, por mais privilegiado que seja, para serem dirimidas quaisquer questões oriundas desta Convenção.

... (município), e data.

INCORPORADOR(A): _____
Nome:
CNPJ/MF.:
Endereço:
Representante(s) legal(ais):
Nome e qualificação:

MINUTA

(O texto abaixo contém um exemplo de minuta de **Contrato Particular de Prestação de Serviços de Futura Administração Condominial Pré-Operacional e Operacional de um Hotel Incorporado sob o Regime Legal do Condomínio Edilício e de Locação Conjunta de suas Futuras Unidades Autônomas Hoteleiras (Apartamentos) e dos respectivos Bens e Áreas Comuns**, assinado pela incorporadora do hotel em que se situarão aquelas unidades, na qualidade de contratante e locadora, e por uma empresa especializada em hotelaria, como contratada e locatária, tendo por abrangência um edifício de hotel com – aleatoriamente – dois pavimentos e 96 unidades autônomas, todas com a mesma metragem e decoração. O exemplo referido considera que o citado contrato tenha sido formalizado quando do lançamento comercial da incorporação do hotel, nos termos da Lei 4.591/64, sendo que aquelas unidades autônomas serão prometidas à venda com base no art. 43 do referido diploma legal. O contrato abrange a futura administração condominial do edifício e a locação conjunta de todas as suas futuras unidades autônomas hoteleiras (apartamentos) e dos respectivos bens e áreas comuns, inclusive dos bens que guarnecerão essas unidades. Os adquirentes dos apartamentos deverão, no respectivo instrumento de compra, necessariamente aderir a este contrato, substituindo a incorporadora, no que tange ao seu apartamento então adquirido, na sua qualidade de contratante e locadora, a qual, não obstante, permanecerá presa ao contrato apenas com relação aos apartamentos que não vier a alienar).

Contrato Particular de Prestação de Serviços de Futura Administração Condominial Pré-Operacional e Operacional de um Hotel Incorporado sob o Regime Legal do Condomínio Edilício e de Locação Conjunta de suas Futuras Unidades Autônomas Hoteleiras (Apartamentos) e dos respectivos Bens e Áreas Comuns

Pelo presente, as partes que o firmam, de um lado, como contratante e locadora, a empresa... (a incorporadora do hotel), doravante identificada apenas por **INCORPORADORA** e, de outro lado, como contratada e locatária, a empresa....(a empresa especializada em hotelaria), doravante identificada apenas por **OPERADORA/LOCATÁRIA,** têm, entre si, justo e contratado o seguinte:

DO HOTEL ABRANGIDO PELO PRESENTE CONTRATO

Cláusula primeira. A INCORPORADORA, na condição de senhora e de legítima possuidora de uma área de terreno com ... m², situado à ... (indicar a Rua, Av. ou logradouro), nº ..., no município e comarca de ... (indicar município e Estado), adquirido nos termos do registro de nº ..., efetivado em data de..., na matrícula de nº ..., do ... Ofício do Registro de Imóveis daquela comarca, promoverá, no mesmo, a incorporação, construção e a implantação de um empreendimento imobiliário hoteleiro, doravante a ser identificado no presente instrumento apenas como hotel e que terá 96 (noventa e seis) unidades autônomas hoteleiras, doravante a ser neste identificadas apenas como apartamentos, e os respectivos bens e áreas comuns, tal como se acha especificado e declarado no seu Memorial de Incorporação e na minuta da sua Convenção de Condomínio, nos termos do registro de nº ..., efetivado em data de ..., na supracitada matrícula.

Cláusula segunda. A INCORPORADORA promoverá a comercialização dos futuros apartamentos do citado hotel, mediante a celebração de contratos particulares de promessa de venda e compra dos mesmos, nos termos do art. 43 da Lei 4.591/64, cabendo, à cada apartamento, a proporção ideal de 1/96 avos dos bens que o guarnecerão.

§ 1º. Os supra aludidos contratos serão irretratáveis e irrevogáveis e nos quais haverá expressa disposição mediante a qual os compradores declararão conhecer e aceitar o presente instrumento, aderindo ao mesmo, uma vez que dele terão pleno conhecimento em razão do fato, a ser declarado naqueles contratos, do seu registro, a ser feito pelas partes ora contratantes, no ... Ofício de Registro de Títulos e Documentos da comarca de... (indicar a comarca de localização do hotel), bem como em razão do fato de uma minuta deste contrato integrar a Minuta da Convenção de Condomínio do hotel, como parte integrante daquela, estando, assim, juntamente com aquela, arquivada no Registro de Imóveis competente quando do registro do respectivo Memorial de Incorporação. Desta forma, o adquirente manterá o(s) seus(s) futuro(s) apartamento(s) então adquirido(s), bem como os respectivos bens e áreas comuns, como objeto da locação conjunta neste pactuada, em substituição automática da INCORPORADORA, com relação aos mesmos, na posição de contratante e locadora, conforme neste estabelecido, permanecendo a INCORPORADORA vinculada a este contrato no que tange aos apartamentos que não alienar. Ademais, prevalecerão os direitos e obrigações da OPERADORA/LOCATÁRIA, parte deste contrato, e da INCORPORADORA, perante aqueles adquirentes, até o término da fase da pré-operação do hotel, uma vez que, com a abertura do hotel, as relações contratuais se darão apenas entre os adquirentes, como condôminos, e a OPERADORA/LOCATÁRIA, e continuarão sendo regidas pelo presente instrumento, nos termos e condições estabelecidos para referida locação conjunta, bem como para a futura administração condominial operacional do hotel, permanecendo a INCORPORADORA, como acima dito, na mesma qualidade dos adquirentes, isto é, também, como aqueles, na condição de condôminos em relação aos apartamentos que a

INCORPORADORA não alienar. Assim sendo, tudo o que no presente contrato se referir à pessoa jurídica da INCORPORADORA, estar-se-á igualmente se referindo aos futuros adquirentes de unidades do hotel, em razão da adesão destes ao presente, como acima pactuado, e que aqui serão chamados também de condôminos.

§ 2º. O preço de venda do apartamento, a ser estabelecido naqueles contratos, será fechado e total, apenas atualizável monetariamente na forma, prazo e índices referidos em ditos contratos, abrangendo o terreno, os projetos, aprovações legais, a construção integral do hotel, com fornecimento, montagem e instalação de todos os seus equipamentos, utensílios, mobiliário e bens de decoração, tanto das áreas comuns como dos apartamentos, bem como a verba orçamentária para a pré-operação e para a constituição do Fundo de Reserva Condominial/Operacional do hotel e, ainda, todas as taxas e remunerações da INCORPORADORA e da OPE-RADORA/LOCATÁRIA até a abertura do hotel. Daí para frente, prevalecerão as cláusulas e condições neste ajustadas e que disciplinarão a locação conjunta adiante pactuada no presente instrumento e a respectiva administração condominial operacional do hotel.

§ 3º. Fica estabelecido que, com a conclusão das obras do hotel, da sua completa montagem hoteleira (colocação dos bens móveis, decoração, equipamentos, instalações, utensílios e demais elementos necessários à sua operação) e, ainda, com a conclusão da fase da administração pré-operacional neste pactuada e obtenção do respectivo "Habite-se", a construção do hotel será averbada no Ofício do Registro de Imóveis competente, à margem da matrícula do respectivo terreno. Além disso, fica estabelecido que a INCORPORADORA elaborará e assinará o Instrumento de Especificação Condominial do Hotel e da correspondente Convenção de Condomínio, com base na respectiva Minuta e neste contrato, que a integra, para que, nos termos da Lei 4.591/64, sejam tais documentos registrados naquele Ofício do Registro de Imóveis competente e no qual já deverá estar arquivada aquela minuta da referida Convenção, e deste contrato que a integra, juntamente com o registro, antes neste já indicado, do respectivo Memorial de Incorporação do hotel.

§ 4º. Por se tratar o referido hotel de um condomínio edilício a ser fundamentalmente disciplinado pelos arts. 1.331 e seguintes do Código Civil Brasileiro, todos os seus funcionários serão registrados nesse Condomínio, com a opção de a OPERADORA / LOCATÁRIA ter o respectivo Gerente Geral do hotel registrado em seu quadro de pessoal, sendo que, nesse caso, os seus salários, encargos e benefícios serão reembolsados à OPERADORA / LOCATÁRIA pelo Condomínio.

DO OBJETO DO PRESENTE CONTRATO

Cláusula terceira. O objeto do presente contrato compreende a contratação da OPERADORA / LOCATÁRIA para que esta, mediante as remunerações e demais cláusulas neste estabelecidas, preste os serviços técnicos da futura administração condominial pré-operacional do hotel, visando a sua preparação para a abertura ao público, e, após a ocorrência desta, sem solução de continuidade, preste os serviços de administração condominial operacional do hotel, bem como compreende a contratação da locação conjunta de todos os seus apartamentos e dos respectivos bens e áreas comuns, inclusive os que guarnecerão aqueles apartamentos, compondo-se, deste modo, neste mesmo instrumento, duas relações contratuais coligadas, de administração condominial e de locação conjunta dos apartamentos, uma dependendo da outra, condicionando-se reciprocamente para todos os fins e efeitos legais.

DA ADMINISTRAÇÃO
CONDOMINIAL PRÉ-OPERACIONAL

Cláusula quarta. A administração condominial PRÉ-OPERACIONAL, como o seu próprio nome indica, compreenderá a prestação de serviços necessários e preparatórios à instalação e funcionamento do hotel, visando o início de sua operação. Assim sendo, tal administração, prevista para iniciar em até 4 (quatro) meses antes da Assembléia de Instalação do Condomínio do hotel e de sua abertura ao público, abrangerá, basicamente, os seguintes itens, a serem custeados com os recursos financeiros da verba orçamentária pré-operacional e que já estará incluída no preço de venda dos apartamentos e cujo montante deverá ser entregue pela INCORPORADORA à OPERADORA/LOCATÁRIA, conforme referido adiante:

a) acompanhamento da integral montagem hoteleira do empreendimento e, pois, da colocação de todo o seu mobiliário, decoração, equipamentos, utensílios e instalações para o funcionamento de toda a infra-estrutura hoteleira prevista, não só para as áreas comuns, como também para os apartamentos do hotel, consoante ajustado entre a INCORPORADORA e os compradores dos apartamentos, nos termos dos respectivos contratos particulares de promessa de venda e compra celebrados;

b) seleção de pessoal, que será contratado em nome do Condomínio do hotel, de acordo com a quantidade e tipo de função indicados pela OPERADORA/LOCATÁRIA;

c) contratação do pessoal selecionado, devendo a OPERADORA/LOCATÁRIA atentar para as providências jurídico/administrativas pertinentes;

d) treinamento do pessoal contratado na forma dos itens anteriores, de acordo com a técnica e *know how* da OPERADORA/LOCATÁRIA, apropriados para o hotel;

e) implantação do sistema operacional de toda a infra-estrutura condominial hoteleira do empreendimento, contemplando-se todo o esquema documental, jurídico e administrativo de faturamento para a cobrança, pela OPERADORA/LOCATÁRIA, na sublocação de hospedagem dos apartamentos e dos respectivos bens e áreas comuns a ela locados pelo presente instrumento, das correspondentes diárias e serviços a serem fornecidos aos hóspedes, inclusive os de alimentos e bebidas, bem como toda a estruturação registrária e de impressos e documentos para a operacionalidade do hotel; e,

f) aplicação da verba orçamentária pré-operacional para a seleção, contratação e treinamento de pessoal, aquisição de insumos, bens e utensílios para as áreas de alimentos e bebidas, aquisição de amenidades para os apartamentos, realização do programa de "marketing"/vendas e de ações promocionais para o lançamento (abertura ao público) do hotel, incluindo plano de mídia, material promocional, impressos, despesas de viagem, festa de abertura, etc.. A referida verba deverá ser entregue pela INCORPORADORA à OPERADORA/LOCATÁRIA, juntamente com a destinada a formação do Fundo de Reserva Condominial/Operacional e sob as mesmas regras adiante estabelecidas na CLÁUSULA SEXTA.

Parágrafo único. A OPERADORA/LOCATÁRIA, na fase da administração condominial "PRÉ-OPERACIONAL", utilizará e fornecerá ao hotel todos os manuais operacionais, programas de treinamento e de "task-force" para bem preparar a abertura do hotel e iniciar a sua fase de administração condominial operacional, bem como prestará, ainda, assessoria para o dimensionamento, especificação e instalação dos equipamentos de informática e os serviços de elaboração do Plano Geral de "Marketing" e do Plano Estratégico de comercialização (diárias), com a inclusão do hotel nos seus sistemas de reservas e em seus programas de "marketing" corporativo, devendo coordenar todas as ações para o lançamento ao público do hotel, bem como a respectiva cerimônia de abertura.

Cláusula quinta. A OPERADORA/LOCATÁRIA, em remuneração aos serviços de administração condominial PRÉ-OPERACIONAL, fará jus à importância de R$.... (indicar), mediante 4 (quatro) parcelas mensais, iguais e consecutivas, de R$... (indicar) cada uma, vencendo-se a primeira delas no dia ... (indicar) do mês de início da PRÉ-OPERAÇÃO do hotel, e as demais em igual dia dos meses subseqüentes e que, assim, lhe deverá ser entregue pela INCORPORADORA, pois o valor supra já estará incluído no preço dos contratos de promessa de venda e compra das unidades do hotel.

Parágrafo único. Em caso de atraso no pagamento, incidirão sobre os montantes a serem pagos à OPERADORA/LOCATÁRIA, devidamente corrigidos pelo IGPM da FGV, os juros de mora de 1% (um por cento) ao mês, ou fração, e multa de 2% (dois por cento),

Cláusula sexta. A INCORPORADORA, sob as mesmas cominações retro, se obriga a entregar à OPERADORA/LOCATÁRIA, porque já incluso no preço de venda dos apartamentos do hotel, o montante da Verba Orçamentária Pré-operacional e a destinada à formação do Fundo de Reserva Condominial/Operacional, no valor global de R$... (indicar), a ser transferido em 4 (quatro) parcelas mensais, iguais e consecutivas, de R$... (indicar), cada uma, vencendo-se a primeira delas no dia... (indicar) do mês de início da PRÉ-OPERAÇÃO e as demais em igual dia dos meses subseqüentes. A parte deste montante destinado ao Fundo de Reserva Condominial/Operacional, no valor de R$... (indicar), será depositada pela OPERADORA/LOCATÁRIA, para a sua utilização de acordo com os fins previstos, em uma conta corrente a ser aberta em nome do Condomínio do Hotel, para o que a OPERADORA/LOCATÁRIA fica desde já autorizada, junto à instituição bancária do município de ... (o de localização do hotel) que escolher, podendo abrir e movimentar a referida conta e fazer as aplicações financeiras de praxe e seguras com os saldos disponíveis.

Parágrafo único. Os valores antes referidos serão entregues à OPERADORA/LOCATÁRIA, pela INCORPORADORA, com a mesma atualização monetária prevista nos contratos de promessa de venda e compra dos apartamentos do Hotel.

DA LOCAÇÃO CONJUNTA DOS FUTUROS APARTAMENTOS E DOS RESPECTIVOS BENS E ÁREAS COMUNS DO HOTEL

Cláusula sétima. Constituem o objeto da locação conjunta aqui pactuada, nos termos do art. 51 da Lei 8.245/91, todos os futuros APARTAMENTOS integrantes do hotel e dos seus respectivos bens e áreas comuns, incluído todo o seu mobiliário, equipamentos, utensílios, instalações e decoração, para a realização da exploração hoteleira, pela OPERADORA/LOCATÁRIA, como locatária e sob o regime sublocatício de hospedagem daqueles apartamentos, nos termos do art. 1º, Parágrafo único, letra *a*, Inciso IV do supracitado diploma legal, e para a exploração comercial, igualmente, como locatária, e sob o mesmo diploma legal e art. 51 acima referido, das respectivas áreas e bens comuns, abrangendo neste caso, fundamentalmente, a exploração de frigobar nos apartamentos, das "vending machines" nos corredores, do "coffe shopp", inclusive com fornecimento do café da manhã, do restaurante e bar, dos serviços de telefonia, dos serviços externos de lavanderia e dos aluguéis do salão de eventos, com ou sem fornecimentos de alimentos e bebidas. Ficará o hotel, enquanto este contrato viger, sob a administração condominial operacional da OPERADORA/LOCATÁRIA e será explorado por ela sob o nome de fantasia de ... (indicar a logomarca dã OPERADORA/ LOCATÁRIA).

DO PRAZO DE VIGÊNCIA

Cláusula oitava. A "LOCAÇÃO CONJUNTA" e a decorrente administração condominial operacional do hotel vigorarão pelo prazo comum de ... (indicar) anos, a contar da realização da Assembléia Geral de Condôminos para a instalação do condomínio do hotel, e na qual se dará a eleição do Síndico e dos membros do Conselho Consultivo e Fiscal, prestação de contas pela OPERADORA/LOCATÁRIA da utilização da verba orçamentária préoperacional e do Fundo de Reserva Condominial/Operacional, bem como a aprovação do orçamento operacional para o ano civil em curso, nos termos da Convenção de Condomínio. Dita Assembléia deverá ser convocada pela INCORPORADORA, imediatamente após a obtenção do Habite-se e entrega do hotel aos condôminos e à OPERADORA/LOCATÁRIA, a se dar mediante a assinatura do Termo Final de Vistoria e Recebimento do Hotel, passando então a vigorar o prazo supra-estabelecido, na forma acima, assumindo automaticamente a OPERADORA/LOCA-TÁRIA a posse direta do hotel, como locatária, para exercer a sua exploração e administração condominial operacional, como ajustado na cláusula anterior.

§ 1º. O prazo acima poderá ser renovado automaticamente por igual período, bastando, para tanto, que haja decisão assemblear pelos votos de condôminos correspondentes à 2/3 dos apartamentos do hotel. A Assembléia, para tal decisão, será a de caráter ordinário, a ser realizada no primeiro trimestre do penúltimo ano de vigência do prazo acima referido, sendo que a comunicação da decisão deverá ser entregue à OPERADORA/LOCATÁRIA, por escrito, em até 6 (seis) meses antes do término do citado prazo. Essa renovação automática poderá se repetir, prevalecendo, sempre, todas as cláusulas e condições estabelecidas no presente contrato.

§ 2º. Caso não haja a renovação acima referida, a OPERADORA/LOCATÁRIA devolverá o hotel aos condôminos, ao término do prazo que estiver em vigor, com as deteriorações próprias de seu adequado uso. De outra parte, a OPERADORA/LOCATÁRIA se obriga, com os recursos orçamentários do hotel, a conservar o mesmo até a sua devolução, com a diligência de um bom comerciante, promovendo no ato da devolução, a entrega de todos os documentos e livros contábeis relativos ao condomínio do hotel. Para esse fim, as partes, em 30 (trinta) dias antes do término do supracitado prazo, deverão proceder a um levantamento geral dos bens e equipamentos existentes no hotel, a ser feito por dois técnicos, cada parte nomeando o seu. Além disso, no mesmo prazo, a OPERADORA/LOCATÁRIA entregará aos condôminos, balanço geral e final das operações, receitas e despesas ocorridas e por ocorrer, relativamente a toda exploração hoteleira do hotel.

§ 3º. Terminado o presente contrato, sem a sua renovação ou por rescisão, os condôminos, às suas expensas e em 90 (noventa) dias, deverão eliminar de todos os bens, objetos, documentos e elementos do hotel, a logomarca que batiza o nome de fantasia deste ou qualquer expressão relativa à OPERADORA / LOCATÁRIA.

DO ALUGUEL MENSAL FIXO

Cláusula nona. O valor do aluguel mensal fixo para cada futuro apartamento e respectivos bens e áreas comuns, ora locados, será de R$... (indicar), a ser pago, juntamente com o aluguel mensal variável, na forma adiante pactuada.

§ 1º. O valor do aluguel mensal fixo, para efeito de seu pagamento, sofrerá, a contar desta data, a atualização monetária com base no I.G.P.M da F.G.V, ou em qualquer outro índice de reajuste oficial que venha a substituí-lo, aplicável dentro da menor periodicidade legalmente permitida, ainda que em curso o presente contrato.

§ 2º. O valor do aluguel mensal fixo e o do variável, a seguir referido, serão pagos mediante depósito em conta bancária indicada pelos condôminos, ou será por estes recebidos nos escritórios da filial da OPERADORA / LOCATÁRIA, com sede no próprio hotel, contra-recibo dos condôminos. Se o pagamento for via depósito, o respectivo comprovante demonstrará o cumprimento da obrigação.

DO ALUGUEL MENSAL VARIÁVEL

Cláusula décima. O valor do aluguel mensal variável relativo aos futuros apartamentos e seus respectivos bens e áreas comuns do hotel, ora conjuntamente locados, será pago mediante o seu rateio, entre todos os apartamentos integrantes dessa "LOCAÇÃO CONJUNTA", na proporção de 1/96 avos por apartamento, porque todos iguais, devendo o valor a ser rateado corresponder à .. (indicar o percentual) ...% sobre o montante da receita bruta mensal decorrente da exploração hoteleira, realizada pela OPERADORA / LOCATÁRIA, dos apartamentos e bens e áreas comuns a ela locados, até um limite mensal, para pagamento do rateio, de 80% (oitenta por cento) sobre o resultado entre a receita e a despesa mensal relativa àquela exploração, a ser apurado pelo regime contábil de competência e mediante a sistemática adiante estabelecida a ser posta em prática pela OPERADORA/LOCATÁRIA, junto a sua contabilidade, sendo que se, num determinado mês de apuração, o valor da parte variável superar o limite para pagamento da mesma, a diferença será diferida para pagamento nos meses seguintes, até esgotá-la e, assim, sucessivamente,

§ 1º. A OPERADORA/LOCATÁRIA, em todo dia 10 (dez) de cada mês seguinte ao vencido, entregará aos condôminos o Demonstrativo da Base de Cálculo, relativo ao mês anterior, para pagamento rateado do valor do aluguel mensal variável.

§ 2º. A OPERADORA/LOCATÁRIA desfrutará de uma carência de 12 (doze) meses para iniciar o pagamento do primeiro aluguel fixo e variável.

DAS DISPOSIÇÕES BÁSICAS DESTE CONTRATO DESTINADAS À APURAÇÃO E PAGAMENTO RATEADO DO MONTANTE DO ALUGUEL MENSAL VARIÁVEL

Cláusula décima primeira. A OPERADORA/LOCATÁRIA, em seu nome, realizará, como já se disse, a exploração sublocatícia de hospedagem, com base no inciso IV, letra *a*, Parágrafo único do art. 1º da Lei 8.245/91 e, portanto, com base no Código Civil Brasileiro, de todos os apartamentos e dos respectivos bens e áreas comuns ora locados, bem como, em suporte àquela exploração sublocatícia, realizará também a administração condominial operacional da infra-estrutura de serviços do hotel, e, igualmente como locatária, a exploração das áreas e bens comuns, internos e externos, ora locados, como antes referido no presente.

§ 1º. A OPERADORA/LOCATÁRIA, com a receita bruta mensal advinda da exploração sublocatícia de hospedagem dos apartamentos e dos respectivos bens e áreas comuns integrantes da presente "LOCAÇÃO CONJUNTA", bem como decorrente da exploração comercial das respectivas áreas e bens comuns, internos e externos do hotel, conforme acima referido, praticará, mensalmente, e em ordem seqüencial e necessária, os seguintes atos a serem registrados em sua contabilidade,

a) pagará e/ou provisionará contabilmente o valor para quitação dos tributos incidentes diretamente sobre aquela receita (PIS, COFINS, ICMS, ISS ou outros que, eventualmente, substituam a esses, ou novos que sejam criados);

b) pagará e/ou provisionará contabilmente o valor para quitação do **aluguel mensal fixo** estabelecido no presente;

c) pagará e/ou provisionará contabilmente o valor para quitação das comissões decorrentes de agenciamento comercial e de cartões de crédito relativos à geração da retrocitada receita;

d) separará daquela receita líquida (receita bruta menos os tributos diretos), para não entrar no cálculo do aluguel mensal variável, o percentual de ... (indicar) ..% incidente sobre a mesma, a título de Dedução Contratual Básica, aqui acordada;

e) pagará e/ou provisionará contabilmente, até o limite do remanescente mensal daquela receita, o valor para quitação de todas as despesas operacionais necessárias à geração da mesma, configuradas como despesas condominiais mensais, relativas à plena operação do hotel e que são a seguir especificadas de forma exemplificativa e não exaustiva: 1) salários e encargos trabalhistas, previdenciários e fiscais, relativos a todos os empregados do hotel; 2) passivos trabalhistas, relativos aos empregados do hotel, devidos em acordo extrajudicial ou exigidos ou acordados em Juízo, ainda que decorrentes de demandas contra a OPERADORA/LOCATÁRIA, salvo as condenações por procedimentos irregulares desta; 3) prêmios de seguros de acidentes de trabalho ou de outros seguros feitos em nome do Condomínio do Hotel ou dos condôminos, de caráter pessoal (contra riscos de acidentes, roubos ou furtos, envolvendo hóspedes/

sublocatários, condôminos ou usuários de maneira geral das áreas internas e externas do hotel), e, em especial, seguro de responsabilidade civil e de lucros cessantes; 4) honorários ou remunerações devidos a terceiros em decorrência de contratos de prestação de serviços ao hotel, sejam de natureza legal ou contábil (escritórios ou profissionais autônomos de advocacia, contabilidade, de serviço e pessoal para elaboração e expedição de folha de pagamento, auditoria ou de computação e outros), sejam de vigilância, limpeza, manutenção e conservação de bens, equipamentos e instalações, tanto dos apartamentos, como das áreas comuns; 5) gastos com a compra ou reposição de materiais, livros, impressos, programas e equipamentos de computação e demais bens e utensílios necessários aos serviços de escritório e de administração do hotel; 6) gastos com a compra, consertos ou substituição de copos, pratos, talheres e de enxoval (uniformes, panos, toalhas de mesa, guardanapos, toalhas de banho, lençóis, fronhas, cobertores e travesseiros), tanto das áreas comuns, quanto dos apartamentos; 7) gastos com consertos e manutenção de mobiliário e elementos de decoração, tanto dos apartamentos, quanto das áreas comuns; 8) gastos com manutenção dos elementos e partes construtivas componentes do edifício do hotel, tanto dos apartamentos integrantes do "LOCAÇÃO CONJUNTA", quanto das áreas comuns; 9) gastos com a compra ou reposição de insumos e materiais, de maneira geral, necessários à limpeza, conservação e manutenção das áreas, instalações, bens e equipamentos do hotel, como dos apartamentos, nestes incluídos os bens de higiene pessoal à disposição dos hóspedes/sublocatários; 10) os impostos e taxas de natureza territorial e/ou predial, incidentes sobre os apartamentos ou sobre as áreas comuns do hotel; 11) as contas de telefone, as taxas de água, esgoto, luz e força, relativas às áreas comuns e aos apartamentos; 12) os custos, taxas e despesas cartorárias ou legais, com a elaboração, aprovação e registros de documentos e instrumentos legais que interessam ao Condomínio do hotel ou aos seus apartamentos; 13) os gastos, previstos em orçamento anual do Condomínio do hotel, com publicidade e "marketing", de maneira geral, específicos à promoção do hotel e que não se confundem com as despesas, para esse fim, de caráter corporativo da OPERADORA/LOCATÁRIA, sendo que as respectivas despesas extras dependerão de aprovação do Conselho Consultivo e Fiscal; 14) reembolso à OPERADORA/LOCATÁRIA dos seus gastos com salários, benefícios e encargos sociais e fiscais de seus funcionários da matriz e que, por ventura, estejam alocados em tempo integral à estrutura do hotel para trabalho exclusivo em benefício do mesmo, além dos referentes ao Gerente Geral do Hotel, se este estiver registrado como funcionário da OPERADORA/LOCATÁRIA; e, enfim, 15) todas as demais despesas necessárias e que tornam viável o funcionamento do hotel, para os fins a que se destinam e que são visados pelo presente contrato;

f) separará do remanescente daquela receita, para não entrar no cálculo do aluguel mensal variável, o percentual de ... (indicar) ..% incidente sobre aquele remanescente, a título de Dedução Contratual de Incentivo, aqui acordada;

g) obterá, pelo regime legal de competência, após a seqüência dos atos antes referidos, mas sempre após a dedução do valor da sua remuneração mensal, adiante ajustada, pela administração condominial operacional do hotel e, também, sempre dentro do percentual/ limite estabelecido na CLÁUSULA DÉCIMA do presente, o valor a ser utilizado para pagamento da *parte variável do aluguel mensal e que corresponde, dentro do supracitado limite, ao percentual ajustado naquela mesma cláusula e incidente sobre a receita mensal bruta da exploração hoteleira*, a ser pago aos respectivos condôminos, juntamente com a respectiva *parte fixa*, estabelecendo-se a data para pagamento do primeiro aluguel, assim composto, em até 45 dias após a apuração referida, a fim de se possibilitar o efetivo ingresso das receitas e a efetiva saída das correspondentes despesas naquele interregno, para se poder pagar o aluguel (fixo mais variável) relativo ao mês de apuração, agora pelo regime de caixa, e, assim, sucessivamente.

§ 2º. Caberá à OPERADORA/LOCATÁRIA, com o produto das referidas receitas e dentro da seqüência de deduções e/ou provisões ou separações, sobre as mesmas antes previstas, efetuar a transferência para a conta corrente bancária do condomínio do hotel, mensalmente, contra-recibo daquele, os montantes necessários ao atendimento das despesas condominiais exemplificativamente elencadas na letra *e* do § 1º anterior, todas de caráter operacional e ligadas à atividade condominial hoteleira do edifício, tidas, portanto, como despesas condominiais previstas na Convenção de Condomínio, ficando de fora, apenas, as despesas relativas à substituição dos insumos para as áreas de alimentos e bebidas, uma vez que tais despesas deverão ser sempre feitas na contabilidade da OPERADORA/LOCATÁRIA, uma vez que o Condomínio não tem aptidão legal para comerciar com tais produtos, muito embora o valor dessas despesas seja deduzido das receitas mensais para fins de apuração do montante do aluguel variável, conforme antes previsto.

§ 3º. Caso, em determinado mês, o montante remanescente da Receita Bruta Mensal da exploração hoteleira, referida no *caput* desta CLÁUSULA DÉCIMA PRIMEIRA, não seja suficiente para cobrir as efetivas despesas condominiais iguais às elencadas, exemplificativamente, na letra *e* do § 1º supra, ou do mesmo tipo, a OPERADORA/LOCATÁRIA não considerará, como dedutível para a apuração referida no referido § 1º, o valor da Dedução Contratual de Incentivo, acordada na letra *f* do mesmo, sendo que, neste caso, a OPERADORA/LOCATÁRIA poderá se valer de saques do Fundo de Reserva Condominial/Operacional mencionado na CLÁUSULA SEXTA, devolvendo ao mesmo, de forma diferida, nos meses subseqüentes, as importâncias para tanto sacadas, sendo, da mesma forma, diferido para pagamento, o montante do aluguel mensal variável, consoante já referido no final da CLÁUSULA DÉCIMA do presente.

DOS SEGUROS

Cláusula décima segunda. A OPERADORA/LOCATÁRIA, em comum acordo com o Síndico do Condomínio do hotel e nos termos e com os recursos aprovados nos respectivos orçamentos anuais, providenciará, durante a vigência deste Contrato, a contratação, em nome do Condomínio do Hotel e/ou dos condôminos, dos seguros referidos na letra *e* do § 1º da cláusula anterior, sendo que os respectivos custos e prêmios decorrentes daquela contratação serão considerados como despesas operacionais e condominiais, a cargo, porém, dos condôminos, quando os seguros forem patrimoniais, por se referirem à sua propriedade.

DA CESSÃO DE DIREITOS E DE OBRIGAÇÕES

Cláusula décima terceira. Em caso de venda, cessão definitiva, ou sob promessa, transmissão de herança, partilha, testamento, legado ou doação, tendo por objeto qualquer apartamento do hotel, os direitos e as obrigações aqui assumidos passarão, automaticamente, ao novo adquirente, promissário adquirente ou sucessor, independentemente de constar ou não tal cláusula nos respectivos instrumentos jurídicos, ou ser tal circunstância desconhecida pelo sucessor.

DO DIREITO PREFERENCIAL DE UTILIZAÇÃO

Cláusula décima quarta. Aos condôminos fica, de logo, assegurado o direito de preferência para, havendo disponibilidade, hospedarem-se no hotel abrangido pelo presente, em qualquer dos apartamentos da "LOCAÇÃO CONJUNTA", ou no seu próprio se estiver disponível e assim o desejar, bastando, para tanto, reservarem a unidade pretendida com a antecedência mínima de 60 (sessenta) dias e dentro da disponibilidade de reserva para o período em que pretendam se hospedar. Nessa hipótese, além de tratamento especial, receberão um desconto mínimo de 20% (vinte por cento) sobre o valor das diárias de sublocação (de balcão) que, durante o período de sua estadia, estiverem sendo praticadas pela OPERADORA/LOCATÁRIA, para as reservas por ela atendidas dentro do seu respectivo sistema. Os condôminos, nesta hipótese, poderão faturar o pagamento para

105

15 (quinze) dias do seu "check out". Os condôminos poderão hospedar-se em períodos contínuos ou alternados, ficando, de logo, fixado como limite máximo anual o de 30 (trinta) dias, para essa utilização especial e preferencial.

DA COMERCIALIZAÇÃO E MARKETING

Cláusula décima quinta. Para melhor aproveitar a cinergia da equipe de vendas e para melhorar a eficiência das ações comerciais e de marketing, a OPERADORA/LOCATÁRIA, em razão das características do hotel, poderá contratar a Equipe de Vendas, assim como realizar as efetivas ações de marketing e comercialização, diretamente em seus escritórios corporativos. As despesas decorrentes destas contratações e ações serão repassadas, mensalmente, como custos dos condôminos, sob a forma de serviços prestados, sendo certo que tais despesas nunca deverão ser superiores àquelas previstas no Orçamento para os mesmos fins.

DA ADMINISTRAÇÃO CONDOMINIAL OPERACIONAL

Cláusula décima sexta. A OPERADORA/LOCATÁRIA, enquanto for a empresa locatária da "LOCAÇÃO CONJUNTA" neste contratada, fará a ADMINISTRAÇÃO CONDOMINIAL OPERACIONAL do hotel, visando a integral gerência do mesmo, devendo, pois, dirigi-lo em todos os aspectos administrativos, operacionais, publicitários e comerciais necessários à sua exploração hoteleira. Por conta desta prestação de serviços, fará jus à uma remuneração mensal de R$.... (indicar) por apartamento integrante do hotel, incidindo sobre a mesma as iguais disposições a respeito da remuneração pela administração condominial pré-operacional, no que tange aos acréscimos e correção monetária.

Cláusula décima sétima. A OPERADORA/LOCATÁRIA desenvolverá a ADMINISTRAÇÃO CONDOMINIAL OPERACIONAL do hotel com a mesma liberdade decisória e "know how" com que são administrados os demais hotéis integrantes de sua rede.

Cláusula décima oitava. A OPERADORA/LOCATÁRIA exercerá a ADMINISTRAÇÃO CONDOMINIAL OPERACIONAL do hotel em total respeito à legislação aplicável, principalmente quanto às disposições jurídicas, trabalhistas e previdenciárias, relativas à mão-de-obra a ser contratada para o condomínio do hotel, e quanto aos aspectos legais, fiscais, cíveis e comerciais, que envolverem a contratação de bens e serviços para o hotel, os registros contábeis e tributários e exploração hoteleira propriamente dita.

Cláusula décima nona. A OPERADORA/LOCATÁRIA diligenciará no sentido de efetuar, com as provisões e receitas operacionais da exploração hoteleira do hotel, o recolhimento, nas épocas próprias, das contribuições trabalhistas e previdenciárias relativas à mão-de-obra contratada em nome do Condomínio do hotel, bem como de todos os tributos que incidirem em razão da própria exploração hoteleira.

Cláusula vigésima. Além do ORÇAMENTO anual, a ser entregue aos condôminos em até 30 (trinta) dias antes do encerramento do ano civil em curso, para aprovação em Assembléia de Condôminos, a OPERADORA/LOCATÁRIA entregará aos mesmos, até fins de fevereiro do ano seguinte, o BALANÇO anual de atividades, receitas e despesas, referente ao exercício findo, bem como BALANCETES mensais das operações em andamento, devendo tais peças refletirem os resultados definitivos, com as especificações de receitas e despesas no seu mais amplo conceito. Até a aprovação do Orçamento anual, prevalecerá o anterior com eventual acréscimo de 20% (vinte por cento). Além dos supracitados BALANÇOS, a OPERADORA/LOCATÁRIA fornecerá aos condôminos estatísticas de ocupação do hotel.

Cláusula vigésima primeira. A OPERADORA/LOCATÁRIA, nos limites do ORÇAMENTO anual do hotel, realizará campanha de promoção de vendas específicas para o mesmo.

107

Parágrafo único. A OPERADORA/LOCATÁRIA, a seu exclusivo critério, incluirá o hotel nas campanhas nacionais de promoção de vendas, publicidade e relações públicas que vier a realizar no Brasil em apoio de sua marca e divulgação dos hotéis que administrar.

Cláusula vigésima segunda. A OPERADORA/LOCATÁRIA, no âmbito da ADMINISTRAÇÃO CONDOMINIAL OPERACIONAL do hotel, praticará, ainda, os seguintes atos daquela administração, com os recursos financeiros da operação hoteleira do hotel, consoante neste previsto:

a) assessoria no que diz respeito à parte jurídica extrajudicial, trabalhista financeira, de técnica hoteleira e de instalações, assim como a assistência (extrajudicial) de experts em todas as classes de assuntos de caráter mercantil, administrativo, fiscal e trabalhista relacionados com a exploração hoteleira do hotel;

b) gestão do pessoal contratado para os serviços inerentes à toda infra-estrutura condominial hoteleira do hotel, fixando as planilhas e controle de gastos dela decorrentes, formando e selecionando o pessoal mediante cursos adequados e organizando o sistema de trabalho com o objetivo de alcançar a melhor produtividade possível;

c) gestão de compras de coisas e bens necessários à exploração hoteleira do hotel, estabelecendo estudos de mercado visando preço e qualidade; contratação seletiva de fornecedores, estudos e análises de preços e níveis de ofertas; gestão e controle de compras visando reduções de custos mediante a aquisição, sempre a seu juízo e se entender cabível, dos produtos para todos os hotéis que administrar em sua rede, no Estado de ... (de localização do hotel);

d) serviços de ordem técnica hoteleira, visando a funcionalidade e qualidade de cada um dos setores operacionais do hotel, com o estabelecimento da rentabilidade nas operações de comida e bebida, análises da operação de cada setor produtivo do hotel e controle de qualidade dos serviços;

e) manutenção e conservação necessárias ao hotel, organizando o setor técnico com essa finalidade, inspecionando o funcionamento das instalações, planificando a conservação do mobiliário e decoração e planificando obras de reforma ou melhora no hotel, com análises de orçamentos apresentados; e,

f) administração e controle do ORÇAMENTO anual; análise da exploração hoteleira; produção de estatísticas gerais; administração de um sistema completo de contabilidade, tanto sob o ponto de vista de exploração hoteleira, quanto do patrimonial; conservação do inventário; administração de programas de computador adequado à exploração hoteleira; gestão de receitas e despesas; cobrança de inadimplentes; gestão de créditos e acompanhamento do fluxo de caixa anual.

DAS DISPOSIÇÕES GERAIS E DO FORO

Cláusula vigésima terceira. É vedado à OPERADORA/ LOCATÁRIA, sem expressa autorização dos condôminos, dar, em nome destes, avais ou fianças, bem como praticar atos que importem em oneração, alienação patrimonial imobiliária ou mobiliária, relativamente ao ativo permanente do hotel ou que gerem quaisquer ônus que não os estritamente relacionados à exploração hoteleira, objeto deste contrato.

Cláusula vigésima quarta. O Síndico e os membros do Conselho Consultivo e Fiscal poderão, desde que previamente solicitada à OPERADORA/LOCATÁRIA, inspecionar a documentação e os livros contábeis sob responsabilidade desta última, sendo que dita inspeção não deverá interferir no bom funcionamento do hotel.

Cláusula vigésima quinta. A OPERADORA/LOCATÁRIA manterá o hotel em bom estado e em condições normais de funcionamento, encarregando-se de determinar, com os recursos financeiros do hotel, os reparos e manutenção ordinária dos bens, instalações e equipamentos do mesmo.

Cláusula vigésima sexta. Ao final de cada ano, dois técnicos nomeados, um pelos condôminos e outro pela OPERADORA / LOCATÁRIA, inspecionarão o hotel, com a finalidade de estabelecer, de comum acordo, o inventário das reformas maiores que forem necessárias para o adequado funcionamento do hotel e não incluídas no ORÇAMENTO geral anual.

Cláusula vigésima sétima. A OPERADORA / LOCATÁRIA, com a finalidade de melhorar ou incluir novas instalações que julgar convenientes, para uma melhor exploração hoteleira do hotel, elaborará orçamento especial para aprovação dos condôminos, visando a sua execução por conta destes.

Cláusula vigésima oitava. A INCORPORADORA arcará com todos os custos e despesas de elaboração e aprovações do projeto do hotel, sua execução e obtenção das correspondentes licenças, autorizações e alvarás de construção e funcionamento.

Cláusula vigésima nona. O presente instrumento é irretratável e irrevogável, salvo as hipóteses de sua rescisão por inadimplência contratual, ou falência ou concordata da OPERADORA / LOCATÁRIA, obrigando não só as partes, mas também seus sucessores a qualquer título. Em caso de rescisão deste, como supra dito, a mesma só operará após a constituição em mora, via cartorária ou judicial, da parte infratora, com prazo de 30 (trinta) dias para a eventual emenda da mora. Se os infratores forem um ou mais condôminos, até o limite de 1/3 dos apartamentos, a OPERADORA / LOCATÁRIA manterá este contrato, perdendo esses condôminos, porém, o direito a receber aluguéis até o cumprimento de suas obrigações, pois permanecerão fechados os seus apartamentos até que isso ocorra, sofrendo apenas limpeza quinzenal, às suas expensas e que serão reembolsadas na reabertura do apartamento e retomada da participação nos aluguéis.

Cláusula trigésima. Aplicam-se integralmente ao presente contrato todas as disposições, a respeito do mesmo, principalmente sobre a relação conjunta de locação neste pactuada, contidas na Convenção de Condomínio do hotel, de pleno conhecimento e aceitação da OPERADORA/LOCATÁRIA, integrando ditas disposições o presente contrato, como se aqui estivessem transcritas, para todos os efeitos legais.

Cláusula trigésima primeira. As partes elegem, com desistência de qualquer outro, por mais privilegiado que seja, o Foro de situação do hotel, para que nele sejam dirimidas quaisquer questões oriundas do presente contrato, arcando a parte vencida em procedimento judicial com as custas e despesas do processo e com a verba honorária da sucumbência.

Assim sendo, firmam as partes o presente instrumento, elaborado em 2 (duas) vias de um só lado, ambas de igual teor, juntamente com as 2 (duas) testemunhas abaixo, declarando as partes que o não exercício de qualquer de seus direitos neste previstos, ainda que reiteradamente, não significará sua novação ou alteração.

Município e data

CONTRATANTE/
LOCADORA:

_____

p/ INCORPORADORA

CONTRATADA/
LOCATÁRIA:

_____

p/ OPERADORA/LOCATÁRIA

TESTEMUNHAS: 1. _____

2. _____

IMPRESSO NA
sumago gráfica editorial ltda
rua itauna, 789   vila maria
02111-031   são paulo   sp
telefax 11 **6955 5636**
sumago@terra.com.br